INTRODUCCIÓN AL DERECHO INTERNACIONAL ESPAÑOL DE SEGURIDAD SOCIAL

Bernardo Gonzalo González

Introducción al Derechos Internacional Español de Seguridad Social

1ª Edición Diciembre 2014

Copyright © 1995 Bernardo Gonzalo González

Copyright de esta edición © 2014 Ciencia y Cultura
Asociación Española Ciencia y Cultura
c/ Pavía 4, 1º D. 28013 Madrid (España)
Fax: (34) 91–4978579
www.cienciaycultura.com

E–mail: julio.gonzalo@uam.es
E–mail : aecienciaycultura@gmail.com

ISBN: 978–15–056100–4–8

Todos los derechos reservados. No está permitida la reproducción total o parcial de este libro, ni su tratamiento informático, ni la transmisión de ninguna forma o por cualquier medio, ya sea electrónico, mecánico, por fotocopia, por registro u otros métodos, sin el permiso previo y por escrito del editor

*A Mari Luz, y a nuestros hijos
Julio Antonio, Belén y Bernardo*

PROLOGO, por *Luis Enrique de la Villa Gil* 8
INTRODUCCION 13
PRIMERA PARTE: LA INTERNACIONALIZACIÓN DE LA SEGURIDAD SOCIAL 15

I. Alcance, significado y modalidades 15
II. Causas 17
III. Referencia a las fuentes de producción del Derecho Internacional de Seguridad Social 20

SEGUNDA PARTE: EL DERECHO INTERNACIONAL ESPAÑOL DE SEGURIDAD SOCIAL 24

I. La internacionalizacion de la Seguridad Social española 24
II. Normas internas de contenido o alcance internacionales 26
  1. La protección especial de los españoles emigrantes 31
    A) Protección sanitaria de los familiares del emigrante que permanecen en España, y del propio emigrante durante sus desplazamientos temporales a territorio nacional 32
    B) Protección sanitaria y económica de los emigrantes por los accidentes que sufran durante los viajes de emigración 33
    C) Protección sanitaria y contra el desempleo de los emigrantes retornados 34
    D) Posibilidad de afiliación voluntaria al sistema protector por parte de los emigrantes y de sus hijos 35
    E) Continuación parcial en el aseguramiento de los trabajadores destacados por sus empresas fuera del territorio nacional . 36
    F) El caso de tos españoles funcionarlos de Organismos Internacionales 37
    G) Aseguramiento del personal español contratado al servido de la Administración española en el extranjero 38
    H) Asimilación al alta de los diputados españoles del Parlamento Europeo y de las personas a su servicio 39
    I) Otros beneficios establecidos para emigrantes 40
    J) Las denominadas pensiones asistenciales por *ancianidad* de emigrantes (Real Decreto 728/1993, de 14 de mayo, y Orden de desarrollo de 1 de julio del mismo año) 41
  2. La protección social de los extranjeros inmigrantes 42
    A) Igualdad de trato entre españoles y extranjeros en cuestiones

de Seguridad Social 43
B) Exportabilidad de las prestaciones 46
C) Aplicación al personal no funcionario al servido de las
   Representaciones Diplomáticas acreditadas en España 48
III. Normas de origen comunitario europeo 49
 1. Las ramas pública y privada del Derecho internacional europeo
    de Seguridad Social 49
 2. Normas de Derecho coordinatorio 51
   A) Génesis y evolución 52
   B) Principios de ordenación 55
     a) El principio de igualdad de trato 56
       1° Igualdad de trato y reciprocidad 56
       2.° Extensión objetiva del principio de igualdad de trato
       58
       3.° Extensión subjetiva del principio de igualdad de trato
       61
     b) Principio de territorialidad, en la determinación de la
        legislación aplicable 63
     c) Principio de conservación de derechos adquiridos o de
        servicio de prestaciones en el extranjero 66
     e) Principio de colaboración administrativa 70
   C) Técnicas aplicativas 71
     a) Prestaciones por enfermedad y maternidad 72
     b) Prestaciones por accidentes de trabajo 73
     c) Prestaciones por enfermedades profesionales 73
     d) Prestaciones por invalidez 74
     e) Prestaciones por vejez y supervivencia 75
       1.° Reglas particulares sobre acumulación de derechos. 75
       2.° Reglas particulares sobre aplicabilidad de los
          Reglamentos a hechos causantes anteriores a la
          adhesión de cada Estado 78
       3.° Cálculo de la «base reguladora» de pensiones de los
          emigrantes 79
     f) Prestaciones por desempleo 83
     g) Prestaciones familiares 84
 3. Derecho armonizador. Medidas para su transposición al
    Derecho interno 84
   A) Directivas sobre igualdad de trato y grados de su

transposición al Derecho interno español... 87
a) La Directiva 79/7, de 12-XII-1978, relativa a la aplicación progresiva del principio de igualdad de trato entre hombres y mujeres en materia de Seguridad Social 87
b) Directiva 86/313, de 11 de diciembre de 1986, relativa a la igualdad de trato entre hombres y mujeres en materia de Seguridad Social que ejerzan una actividad autónoma, incluidas las actividades agrícolas, así como sobre protección de la maternidad 94
c) Directiva 86/373, de 24 de julio de 1986, relativa a la aplicación del principio de igualdad de trato entre hombres y mujeres en los regímenes profesionales de Seguridad Social.. 96
B) Directivas sobre garantía de derechos de Seguridad Social en determinadas circunstancias y ea regímenes protectores concretos... 99
a) Directiva 80/987, de 20-X-1980, sobre aproximación de las legislaciones de los Estados miembros relativas a la protección de los trabajadores asalariados en caso de insolvencia del empresario.. 99
1.º Las garantías existentes en los regímenes legales ... 101
2.º La inexistencia de garantías suficientes en los «regímenes profesionales» voluntarios...................... 102
3.º Posibilidad y condiciones para la aplicación judicial del Derecho indirecto europeo................................ 105
4.º La elección del método de aplicación inmediata de la Directiva 80/978/CEE 108
b) Referencia a otras Directivas directa o indirectamente relacionadas con la Seguridad Social........................... 112
IV. Convenios internacionales bilaterales y multilaterales 114
1. Red de Convenios internacionales bilaterales de Seguridad Social suscritos por España y sus caracteres generales............ 116
2. Tratados y Convenios internacionales sobre la materia ratificados por España 121
A) Instrumentos jurídicos internacionales de principios........ 122
B) Normas Internacionales multilaterales............................. 123
C) Convenios internacionales multilaterales sobre migrantes 125

APÉNDICE I: SELECCION DE BIBLIOGRAFIA EN LENGUA ESPAÑOLA 126

APÉNDICE II: PRINCIPALES DISPOSICIONES DEL DERECHO INTERNACIONAL ESPAÑOL DE SEGURIDAD SOCIAL 147

SOBRE EL AUTOR 170

PROLOGO

> Admito la posibilidad de que sea absolutamente preciso haber descendido, al menos alguna vez, hasta el fondo del edificio oscuro.
>
> Carlos Bousoño, *Oda a la ceniza*, 1967

1. Bernardo Gonzalo no es ningún barbipuniente en la materia porque va para tres décadas que abriera tienda de la seguridad social en España; su aporte al breve, precoz y escrupuloso análisis sobre la interpretación de los convenios internacionales de seguridad social, el profundo estudio sobre la estructura del sistema, los envidiables resultados obtenidos en el fructuoso bienio 88-89 con siete u ocho investigaciones distribuidas en diversas Revistas de la especialidad, su insuperada tarea corno selector de las vigencias del ordenamiento legal, y tantas otras publicaciones más resistentes a la lista cerrada, le han convertido en experto buceador de las negras aguas por las que discurre el orden normativo que en los lejanos sesenta fuese comparado expresamente con la guía manual de los itinerarios de la RENFE.

En los aspectos de fondo el autor dispone de la autoridad que le ha regalado el contacto con la calle desde su acceso al mutualismo laboral, cuando en los despachos oficiales se discutían los principios de la Ley de Bases de la Seguridad Social, raíz de la experiencia enriquecida duraderamente por el desempeño de puestos de gestión primero y de evidente responsabilidad después en dos Subdirecciones Generales sucesivas, hasta aterrizar en la almena del mutualismo patronal. Si a ello se añade el período en el que el autor dirigió un servicio de estadios para la investigación de los temas más candentes de la protección social habrá que concluir sin concesiones a la amistad que muy pocas personas vivas en nuestro país ofrecen unos «tiempos» semejantes para los mismos «tramos» del recorrido que arranca de la reforma en 1963 y desemboca en la desorientada nueva reforma de estos días, presidida más por el miedo de los «protectores» que por la necesidad social de los «protegidos». Cómo sorprenderse entonces de que este último trabajo compuesto aunque no escrito de hora en hora y no brotado de un solo esfuerzo, sea tan plural, rico y original en el bosquejo de los planteamientos como en el desarrollo de la trama que permite resolver problemas apenas aventurados antes con soluciones solventes.

En cuanto a la forma, Bernardo Gonzalo vuelve a mostrar que dispone de un clima propio para su particular uso, con el ingrediente de la opacidad indispensable en el trabajo científico pero también con el obsequio de un estilo vigoroso y ceñido que le permite usar las palabras que los demás usan sin merma de la densidad reservada a. quienes sin sacrificios de la imaginación aciertan a salir con éxito del laberinto retórico.

2. Historiadores y sociólogos han tenido siempre la preocupación de distribuir el tiempo histórico, de medir el cambio social en términos de frecuencias cambiantes, de circuitos o de ciclos en los que aflora la tensión dialéctica de lo continuo/discontinuo. Una tipología a recordar es la del francés FERNAND BRAUDEL en torno a la interacción de tres procesos o «duraciones», larga, media y corta respectivamente (*longue, moy enríe et courte durée*). La «duración larga» asida a las estructuras geográficas o geopolíticas, a las condiciones demográficas, a los valores perdurables, a los sistemas económicos y a otros entramados multiseculares que se reproducen invariablemente en relación con los otros dos procesos interactivos; la «duración media» definida por períodos de diez a cincuenta años bajo la decisiva influencia de la técnica, de la producción y del comercio; la «duración corta», en fin, vinculada a los acontecimientos políticos e individuales del momento, así como a los llamados «hechos efímeros».

El fenómeno de la «seguridad social» ha sufrido inevitablemente la tensión de lo continuo/discontinuo en el siglo que conoce su irrupción y desarrollo, padeciendo como es lógico las consecuencias terribles del egoísmo objetivo apegado al ciclo largo, culpable al teñir de utopía el proyecto de la comunidad universal organizada y con ello la conformación de un derecho generoso de seguridad social para el misino destinatario. Ni siquiera ha acabado de prosperar el sucedáneo de la armonización relativa de los derechos nacionales de seguridad social y su aplicación coordinada en el marco de las comunidades internacionales de limitado ámbito regional o subregional, siendo como es que el ciclo medio abona antes las diferencias que las identidades, mientras que el ciclo corto contribuye a la dispersión desde la banalidad de los hechos efímeros.

Todos estos obstáculos superpuestos no desaniman al autor de la obra ni empequeñecen el mérito de su inquietud a la hora de superar la mezquindad impresa en los principios de nacionalidad y territorialidad, saliendo contrariamente a la búsqueda de un «espíritu renovador global» del que trascienda el triple efecto de relativizar la independencia de los Estados, de proteger mejor a los trabajadores migrantes y de satisfacer los objetivos de la seguridad social en cuanto capítulo básico de los derechos humanos a nivel internacional.

3. Aunque no es mi propósito leer cátedra de la *Introducción al Derecho Internacional Español de Seguridad Social*, creo que son dos sus aportaciones concretas más notables, fuera de la romántica antes anotada.

Es de mucho interés la paradójica advertencia de que la reglamentación del tráfico jurídico externo es preferentemente una tarea de los Estados individualmente considerados, lo que conduce a concluir que en la dimensión de las fuentes del que conocemos como Derecho internacional de seguridad social ocupan un primerísimo lugar los medios estatales de producción jurídica; tales disposiciones normativas internas han de resolver los problemas de orden coordinatorio y los conflictos de leyes numerosos y complejos de cada realidad nacional. Fuera de ese marco normativo propio, aunque de valor insuficiente para conseguir la internacionalización del derecho de la seguridad social, la experiencia social y la investigación jurídica confirman, o la inexistencia de fuentes «uniformes» (legales) internacionales de la seguridad social (ámbito de la OIT), o la insignificancia relativa de su acervo (ámbito de la UE); porque si bien es cierto que en este segundo ámbito se aprueban auténticas normas de derecho uniforme en cuanto obligatorias en todos los Estados miembros sin intervención de sus Parlamentos respectivos, no lo es menos que tal derecho comunitario de seguridad social atiende prioritariamente a objetivos económicos y sólo de modo secundario a objetivos sociales. A partir de ahí el libro enfrenta las normas de «coordinación» a las normas de «armonización» —en cuanto derecho «privado» y «público» respectivamente— en el seno de la UE, obedientes las primeras a un criterio sistemático totalizador y lastradas las segundas por parcialidad y accesoriedad visibles, diana por ello de la ironía del autor cuando les acusa de falta de diseño y exceso de bricolaje.

La síntesis de las normas de coordinación se encuentra realizada en los Reglamentos CEE 1408/71 y 574/72 y de sus profusas modificaciones parciales posteriores, de los que se presta atención al desarrollo de sus cinco principios (igualdad de trato, territorialidad en la determinación de la legislación aplicable, conservación de los derechos adquiridos o de servicio de prestaciones en el extranjero, conservación de derechos en curso de adquisición y de colaboración administrativa) con un inédito estrujamiento, como nadie antes había hecho, de las complejísimas reglas prácticas y técnicas aplicativas por ramas diferenciadas de protección (enfermedad y maternidad, accidentes y enfermedades profesionales, invalidez, vejez y supervivencia, desempleo y familiar), con logros interpretativos de igual valor que riesgo al integrar el derecho interno y el comunitario en la rama de la vejez y de la supervivencia; por destacar un ejemplo significativo, el cálculo de la base reguladora de las pensiones de los emigrantes resulta en verdad espléndido. Utilidad evidente reviste también la agrupación y exégesis de las Directivas comunitarias en dos grandes grupos (igualdad de trato con grados de transposición al derecho interno y garantía de derechos en determinadas circunstancias y en regímenes protectores concretos), desentrañando con inmejorable técnica jurídica su contenido y proponiendo medidas integradoras de su eficacia en el caso de la Directiva 80/987, porque el ordenamiento español no cumple satisfactoriamente con la salvaguardia de los derechos complementarios de protección social ocurrida la insolvencia del empresario.

Bernardo Gonzalo se dice mi discípulo pero antes es mi amigo y tengo con él en común —con licencia del poeta José Luis Hidalgo (*Los muertos*, 1947)— la entraña madura después de haberla calentado el sol ya tantos años. Cualquiera apreciará fácilmente a quién aprovecha más la asociación de esfuerzos en que se convierte para siempre este libro con el sello de nuestras dos identidades intransferibles, donde uno aporta el banquete y el otro no más que el placer de degustarlo, ambos empero con la ilusión de alejar en el tiempo el invariable destino heideggeriano de la obra humana, el *Sein zum Tode*.

Miramar, febrero de 1995

Luis Enrique de la Villa Gil
Catedrático de Derecho del Trabajo
y de Seguridad Social

INTRODUCCION

Por su diversidad y complejidad, por la frecuencia de su aplicación, por sus numerosas especialidades, por su amplitud y, sobre todo, por su previsible intenso futuro desarrollo (en cuanto manifestación avanzada, entre las instituciones sociales, del proceso de globalización jurídica en curso), el Derecho Internacional Español de Seguridad Social está *necesitado de más atención* de la que se le presta. No parece necesario recordar que España es un país tradicional de *emigración*; que en los años recientes se ha constituido como destino interesante de *migrantes* europeos (sobre todo de migrantes profesionalmente cualificados), del Magreb e iberoamericanos; y que la transición política ha permitido la *incorporación* del país a numerosas organizaciones supranacionales dotadas de capacidad normativa, o de iniciativa para la proposición de normas.

Las páginas que siguen sirven sólo muy modestamente a ese propósito. Su aportación es un *mero apunte* de las instituciones concernidas, y una propuesta acerca de su contemplación integrada o completa y sistemática.

Ni incluyen —tales páginas— todas las referencias posibles, ni valoran críticamente —salvo excepciones— aquellas de las que tratan. Aportan, pues, sólo una *orientación* acerca de las cuestiones de interés más general, y sobre los problemas que se plantean con mayor frecuencia. Pero, insisto, creo que pueden resultar eficaces para suscitar la preocupación de los estudiosos de la Seguridad Social, y para promocional la aparición de nuevos estudios más minuciosos y profundos.

Ese propósito me ha llevado a incluir una Primera Parte comprensiva de algunas *bases teóricas*, mínimamente elaboradas, útiles para explicar globalmente la materia considerada y, por tanto, para interpretar y aplicar el común de las instituciones que comprende. A idéntica causa obedecen aquellas páginas de la Segunda Parte, o especial, donde se mezclan planteamientos teóricos con soluciones prácticas por grupos de problemas. He procurado, pues, acogerme a las recomendaciones del profesor *Vida Soria*, quien asegura que sólo así es posible desvelar parte al menos de la riqueza de contenidos y de la variedad de asuntos que anidan en estos *«temas límite»* o *fronterizos* (terreno de nadie, por tanto) de disciplinas jurídicas distintas.

Espero que el texto no se duela en exceso de esa *obsesión resumidora y de síntesis*, y haya superado los riesgos extremos del conceptismo incomprensible y del simplismo inexpresivo.

Para intentar ese resultado he dispuesto de la ayuda generosa de numerosos amigos, todos ellos profundamente implicados en la formación y la aplicación del Derecho Internacional Español de Seguridad Social. *Marta Vives Caballero* ha leído y anotado con intensidad crítica los primeros borradores. Su integración en la Comisión CEE para la Seguridad Social de Migrantes me ha permitido disponer de la información más actual y contrastada sobre las instituciones protectoras supranacionales europeas. Lo mismo han hecho *Covadonga Herrero Coco y Carlos García de Cortázar*, ambos cabeza visible del aparato técnico que, integrado en la Oficina de Relaciones Sociales Internacionales, ha apoyado la política internacional de Seguridad Social seguida en estos años por el Ministerio de Trabajo y Seguridad Social. La colaboración de *Cesáreo Fernández Seco* se ha centrado en los trabajos de selección del Anexo Bibliográfico que acompaña a la obra. Él es, desde los primeros tiempos del desaparecido Instituto de Estudios Laborales y de Seguridad Social, quizá el mayor y más experimentado documentalista en los temas de política de protección social. Sus publicaciones periódicas de este contenido en la *Revista de Trabajo y Seguridad Social* lo confirman, Por último, *Emilio González-Sancho López*, desde Bruselas, me ha facilitado información y criterios para producir el Anexo relativo a normas. Se trata, probablemente, del más calificado especialista español, junto a *Bernardo Díez Rodríguez, José Luis Núñez Rubio y Guadalupe Muñoz Álvarez*, del derecho Social Europeo.

PRIMERA PARTE

LA INTERNACIONALIZACIÓN DE LA SEGURIDAD SOCIAL

I. ALCANCE, SIGNIFICADO Y MODALIDADES

La explicación internacionalista es decisiva para valorar la *evolución más reciente* de la Seguridad Social en todas partes. Ahora, los Gobiernos justifican los programas reformistas de sus respectivos sistemas protectores, antes o por encima de consideraciones de orden interno, en sus consecuencias exteriores, en compromisos de origen supranacional o en los resultados de la contemplación del panorama internacional comparado.

Se trata, sin duda, del factor de cambio que mejor se adapta al *espíritu de la época*. La armonización e integración de las instituciones nacionales de la Seguridad Social es una consecuencia más del proceso general de internacionalización característico de la modernidad; hoy, el mundo evoluciona de un modo interdependiente. En el caso concreto de la Seguridad Social, la influencia internacionalista se refuerza por el hecho de ser una rama nueva en el conjunto de los ordenamientos jurídicos de los Estados. Sus transformaciones convergentes o uniformizadoras no tropiezan aquí, contrariamente a lo que sucede con otras numerosas ramas del Derecho, con el *obstáculo de la tradición*.

En todo caso, es un factor de cambio vinculado a *razones prácticas o necesidades reales*: obedece a circunstancias socioeconómicas concretas antes inexistentes (o escasamente relevantes) y trata de regular problemas vivos de creciente extensión e intensidad. Entre estos últimos, el de la *expansión de los movimientos migratorios laborales*. Y, entre aquéllas, el fenómeno nuevo de la «*globalización*» *de la economía*, que ha sido clave para el desarrollo de las naciones durante los últimos tiempos.

La internacionalización en presencia de los derechos de Seguridad Social equivale a la *transposición masiva de esos derechos a reglas jurídicas de origen o eficacia* supranacionales.

En su virtud, es precisamente el Derecho internacional quien, en gran medida, directa o indirectamente, determina el contenido material de la Seguridad Social. Lo que produce una *uniformidad* sensible en la extensión, calidad, modalidades y condiciones de acceso a sus prestaciones, y en sus regímenes de gestión y financieros.

Por otra parte, esas mismas normas internacionales intervienen también en la aprobación de los *procedimientos* para hacer efectivos los derechos de Seguridad Social; asegurando, en suma, la *eficacia de esos derechos en el plano exterior*.

Pero la internacionalización de la Seguridad Social no se plantea, al menos por el momento, la *«unificación» del Derecho* relativo a la materia. Por muchas que fueran sus ventajas, más y mayores se presentan sus dificultades. La conformación de un Derecho de Seguridad Social universal común de la Humanidad requeriría, en efecto, la previa existencia de una utópica comunidad universal organizada. Lejos, pues, de tan ambiciosa formulación, lo que se pretende, y lo que se produce, es una simple *armonización relativa* de los Derechos de Seguridad Social nacionales, y su *coordinación aplicativa* en el marco de *comunidades internacionales limitadas* (de ámbito regional, generalmente).

La pervivencia en lo esencial de los principios de *nacionalidad y territorialidad* para legislar en materia de Seguridad Social, y para aplicar esa misma legislación no impide, empero, la existencia de un *espíritu renovador global* en la formulación de ambos, del que trasciende un triple efecto:

– el de *relativización de la antigua independencia absoluta de los Estados* para disponer en estas cuestiones (ahora se acepta la cesión parcial de soberanía a determinadas organizaciones supranacionales, algunas de cuyas decisiones vinculan a legisladores, jueces y funcionarios de esos mismos Estados);

– el de prevalencia de las preocupaciones internacionalmente compartidas por la situación efectiva de los *trabajadores migrantes*, y sobre sus especiales necesidades de protección, y

—el de coincidencia en la necesidad de satisfacer conjuntamente los *objetivos de la Seguridad Social, en cuanto capítulo fundamental del catálogo internacional de los Derechos Humanos*.

II. CAUSAS

Son numerosas las *causas explicativas* del fenómeno internacionalista de la Seguridad Social.

En lo relativo a su versión convergente o de *armonización de políticas*, las principales son estas:

—En *cuanto rama nueva o relativamente nueva del Derecho*, sus reformas constantes y sus sucesivas acomodaciones a los progresos observados en el marco internacional (detectados a través de los numerosos organismos supranacionales especializados existentes: OIT, Asociación Internacional de la Seguridad Social, Organización Iberoamericana de Seguridad Social, Comisión de las Comunidades Europeas...), *no tropiezan con el obstáculo de la tradición*. De este modo, las singularidades nacionales, si existen, son fácilmente superables en beneficio de otras fórmulas de mayor alcance internacional comparado.

—La existencia de múltiples y actualizados *estudios comparados internacionales* sobre la materia (mucho más frecuente que en otras áreas del Derecho), y de *modelos y compromisos asimismo internacionales* (entre los que es prototípico el Convenio núm. 102 de la OIT, o «norma mínima» internacional de Seguridad Social) que se usan con frecuencia como *módulos de referencia universal* para valorar políticamente, en el interior de los Estados, la progresividad o insuficiencia de sus respectivos sistemas protectores nacionales.

—Se trata de un campo jurídico en el que, por contraste con otras ramas del ordenamiento, son evidentes las ventajas de una cierta uniformidad internacional. Así, y sobre todo, dicha armonización legislativa *favorece la competencia* en el concierto internacional, *libera de trabas a los movimientos internacionales de mano de obra, permite la conclusión y fácil aplicación de Convenios* internacionales bilaterales y multilaterales sobre sus instituciones, y desde luego, facilita una *sólida referencia para las políticas de reforma interna* y para su concertación con los interlocutores sociales.

— Es presupuesto indispensable para la *imbricación* —*incluso para la articulación y jerarquización normativas*— entre países vinculados por instituciones supranacionales. Es el caso, por ejemplo, de los países miembros de la Unión Europea, cuyas legislaciones han de operar conjuntamente, de modo armonioso y coordinado.

— Se da, de hecho, una cierta y notable *coincidencia universal en la escala de valores sociales* atendidos por los sistemas protectores. No podría ser de otro modo, conocida la proximidad de la *base conceptual* de las respectivas legislaciones, su *explicación causal* uniforme, la *proximidad temporal en los orígenes* de casi todas ellas, y su común inspiración en su *escaso número de modelos organizativos* (modelos BISMARCK y modelo BEVERIDGE, esencialmente), por lo demás manifiestamente inclinados a combinarse e, intercambiando sus caracteres, dar paso a un *único modelo organizatorio mixto*.

— Como ya he anotado, la *internacionalización progresiva* de las economías nacionales requiere, como complemento indispensable, el auxilio de una *política social asimismo internacional*. En defecto de esa política sería difícil, dada la heterogeneidad de instituciones, la coordinación de legislaciones; no existiría una distribución y compensación razonable entre los Estados de las cargas de Seguridad Social de los migrantes; y se pondrían en riesgo los efectos deseados para el libre comercio internacional, supuesta la influencia decisiva de las cargas de Seguridad Social en los costes de producción de las empresas.

Las causas de internacionalización, desde la perspectiva de *coordinación legislativa*, son principalmente estas:

— La existencia en los Derechos nacionales de Seguridad Social de *numerosas normas discriminatorias ligadas a la nacionalidad*, A falta de remedios, esa circunstancia puede convertirse en un grave obstáculo a la libre circulación de la mano de obra, que constituye precisamente uno de los fundamentos de las comunidades internacionales.

Se trata de un fenómeno ligado a la naturaleza de *servicio público* esencial de que la Seguridad Social dispone en todos los países a raíz de la II Guerra Mundial.

– *La intensidad de los movimientos migratorios laborales* que se han sucedido en los últimos decenios.

Esta *tercera ola migratoria* (la primera es la que surge tras el descubrimiento de América, y la segunda la producida por la industrialización) tiene dos notas fundamentales que la vinculan con la Seguridad Social: su aparición en un momento de gran desarrollo de los sistemas protectores, y su amplitud. Según estudios de la Comisión Europea, los inmigrantes en el interior de la Comunidad Europea son ahora cerca de 13 millones; de ellos, cinco millones son extracomunitarios. Iberoamérica, por su parte, constituye un foco intensivo de migraciones: allí reside cerca del millón de españoles, un número muy superior al de españoles residentes en los países extranjeros de la Unión Europea.

Cabe detectar la presencia en Europa de una nueva ola migratoria —que sería la *cuarta*— procedente del Magreb y la Europa del Este.

El *fundamento* de la internacionalización progresiva de los sistemas de Seguridad Social se halla, pues, en el hecho de tratarse de una rama del Derecho escasamente influida por las tradiciones, con directa incidencia en la relación económica y comercial entre países, en la tendencia a su coordinación legislativa por razón de las migraciones y en las implicaciones derivadas de la actividad de las organizaciones supranacionales.

Existen pocas dudas de que, sin la debida coordinación y armonía, el funcionamiento y desarrollo autónomos de los sistemas nacionales de Seguridad Social podrían hacer fracasar los *mercados comunes* de alcance regional y subregional (europeos y americanos), y hacer imposible la satisfacción de los *derechos sociales* de los emigrantes.

III. REFERENCIA A LAS FUENTES DE PRODUCCIÓN DEL DERECHO INTERNACIONAL DE SEGURIDAD SOCIAL

Se distinguen tres *fuentes de producción* del Derecho Internacional de Seguridad Social; a saber: la del Derecho interno, la constituida por las normas internacionales pactadas y la internacional uniforme.

1. Fuentes de Derecho interno

En la actual estructura de organización de la sociedad internacional, la reglamentación del tráfico jurídico externo es preferentemente, aunque no exclusivamente, una empresa de los Estados individualmente considerados. Ello supone, en la dimensión de las fuentes del Derecho internacional, la afirmación del *carácter preferentemente estatal* de sus medios de producción jurídica.

Existen, pues, en primer lugar, *normas internas* estrictas, obra de los Poderes legislativos respectivos o que aparecen dispersas en disposiciones de rango administrativo. Esas normas internas, dictadas por cada Estado, se rigen por *principios diversos*, y *aun contradictorios*:

— *excluyen* de la Seguridad Social a los extranjeros; o

— los incluyen limitadamente, otorgándoles una protección condicionada a las reglas de *reciprocidad* (en la misma extensión y modalidades que obtienen sus propios nacionales en la legislación del Estado de origen del trabajador extranjero considerado); o

— les otorgan, sin más, plena equiparación o *trato igual* al que se dispensa a los propios nacionales.

Esas normas internas están preferentemente (casi exclusivamente) destinadas a resolver *problemas de orden coordinatorio*; a resolver los conflictos de leyes (positivos o negativos) que puedan plantearse. Dicho de otro modo, su contenido es estrictamente de Derecho internacional privado. Sólo excepcionalmente implican, y en este caso de modo indirecto, progresos de armonización legislativa internacional. Corresponden a esta modalidad excepcional aquellas normas internas mediante las que se autoriza a las instancias superiores del Estado para acordar la *cesión parcial* a determinadas organizaciones internacionales de competencias legislativas o de otro tipo en la materia. Así, por ejemplo, el artículo 93 de la Constitución española admite «la celebración de tratados por los que se atribuya a una organización o institución el ejercicio de competencias derivadas de la Constitución». Pero, en todo caso, la eficacia armonizadora de esas normas requiere de una norma internacional (Convenios o Tratados), que rebasan su estricto origen nacional.

2. Fuentes internacionales en sentido propio

Se conocen por tales aquellas normas que están dictadas por la propia sociedad internacional. Y reciben el nombre de «fuentes de Derecho uniforme».

A escala mundial faltan, estrictamente hablando, fuentes de Derecho uniforme en materia de la Seguridad Social, dado que no existen ni un poder legislativo internacional autónomo, general y coactivo, ni consiguientemente, unas normas que sean su expresión reguladora.

Como *sucedáneos* de este orden jurídico inexistente se conocen unas llamadas fuentes uniformes —cuya uniformidad es más una aspiración que una realidad efectiva— producidas en el seno de la OIT y formuladas a través de instrumentos jurídicos *sui generis*: los *convenios y recomendaciones de ese origen*.

La *naturaleza de estos convenios* ha sido y sigue siendo muy debatida; baste decir que su obligatoriedad atraviesa dos *fases diversas* de jerarquía normativa:

— en la primera de ellas, el Estado que ha suscrito el Convenio contrae una *obligación de contenido debilitado*: no la de convertir en Ley el texto del Convenio, sino la de elevarlo al órgano legislativo estatal para que se pronuncie sobre la oportunidad de su conversión en derecho interno (así art. 94.1 de la Constitución española);

— en la segunda fase, acordada por el órgano legislativo competente la incorporación del Convenio al derecho interno, el acuerdo obliga con igual imperatividad que cualquier otra norma interna (art. 96.1 de la Constitución española).

Se ha dicho que los Convenios de la OIT pueden considerarse como el *germen de un Derecho universal de la Seguridad Social* y de un estatuto internacional del trabajador migrante. Hasta hoy, sin embargo, cumplen la *mucho más modesta función* de proponer a la aprobación de los Estados normas de seguridad social de carácter progresivo y alcance armonizador.

Sin embargo, en determinados *ámbitos regionales* (concretamente en la Unión Europea) sí pueden *aprobarse normas de Derecho uniforme*, en cuanto que son obligatorias en todas sus partes y directamente aplicables en los Estados miembros, sin necesidad de que los respectivos Parlamentos nacionales las ratifiquen.

3. Fuentes internacionales Impropias o fuentes de Derecho convencional

Se trata de los Convenios internacionales bilaterales o multilaterales. Estos Convenios suponen *dos tipos de relaciones jurídicas*:

– una relación de *Derecho Internacional Público* entre las partes contratantes, y

– una relación de *Derecho Internacional Privado*, en cuanto que el contenido del Convenio se refiere a las relaciones entre las entidades gestoras y los particulares asegurados.

En cuanto a su *obligatoriedad*, ésta es la propia de todo tratado internacional: el Convenio obliga a los Estados que lo conciertan desde el momento de su ratificación, siendo su promulgación y ratificación problemas constitucionales internos, pero que no afectan ni a la validez ni al carácter internacional del tratado. Sin embargo, la obligatoriedad respecto de las situaciones individuales de Seguridad Social no se produce sino a través de la conversión del tratado en Ley interna o de su mera publicación.

Respecto de la *situación* que ocupa en la *jerarquía normativa del Derecho interno*, cabe decir que un Convenio internacional es una auténtica *Ley especial del Estado que lo suscribe*, siempre que se encuentre válidamente celebrado y debidamente promulgado, por lo que sus preceptos *prevalecen sobre los de cualquier norma interna* que se le oponga; y, por tanto, una Ley de Derecho interno, sea anterior o posterior al Convenio, no podrá derogarlo.

SEGUNDA PARTE

EL DERECHO INTERNACIONAL ESPAÑOL DE SEGURIDAD SOCIAL

I. LA INTERNACIONALIZACIÓN DE LA SEGURIDAD SOCIAL ESPAÑOLA

Conviene distinguir, en paralelo con la explicación general precedente, *tres bloques diferentes* de medidas normativas en la *composición* del Derecho Internacional Español de Seguridad Social. (Se facilita así su análisis y mejor comprensión, por más que esa distinción pueda resultar confusa o parecer forzada en aspectos concretos.) Esos tres bloques son los siguientes:

– El de las normas de *Derecho interno* o propio (creación unilateral e independiente, obra exclusiva del legislador nacional) que constituyen la legislación autónoma específica referida a esta materia de Seguridad Social.

Su *caracterización internacional* no es aquí resultado de la forma de producción del Derecho, sino de alguno de estos otros dos datos: o el *contenido y propósitos* de los preceptos (expresamente destinados a procurar la recepción de los principios y valores de Seguridad Social comúnmente admitidos en el orden internacional); o la condición peculiar de sus destinatarios (los trabajadores migrantes).

Cabe, en consecuencia, reconocer *dos variantes* en el seno de este primer bloque normativo: la que incluye las disposiciones en las que se refleja la *proyección internacional de los derechos fundamentales de protección social de los trabajadores* (y, en general, de los ciudadanos); y la que engloba las normas que regulan los derechos de Seguridad Social de los *trabajadores migrantes*; sean éstos extranjeros inmigrados, españoles en el exterior o emigrantes retornados.

El internacionalismo tiene aquí una amplia pero también difusa presencia. Resulta de la tendencia del legislador a *homologar* a la Seguridad Social española en el panorama internacional (lo que se ha llamado «modernización» de nuestras instituciones protectoras), *tomando prestadas* categorías jurídicas propias del Derecho extranjero o de algunos textos supranacionales no ratificados. Dicho de otro modo: la armonización legislativa impuesta, lo mismo que la resultante de la previa ratificación de algún Convenio o Tratado internacional, corresponden a alguno de los otros dos bloques normativos.

– El segundo bloque normativo se corresponde con las *Directivas y Reglamentos de la Unión Europea* también referidos a las cuestiones de Seguridad Social.

Las Directivas tienen un *propósito armonizador* (o de aproximación en aspectos concretos de las legislaciones de todos los Estados miembros), y los Reglamentos son de *finalidad coordinatoria* (conjunción entre sí de las legislaciones protectoras de esos mismos Estados, y entre éstas y las de terceros Estados vinculados con la Unión Europea mediante acuerdos diversos de Cooperación y de Asociación).

Equivalen, por tanto, a las dos variantes normativas del bloque precedente (respectivamente destinadas a dotar de cierta uniformidad de principios a los derechos de previsión social de los ciudadanos europeos y a garantizar la satisfacción de esos mismos derechos a los trabajadores migrantes). Se da, no obstante, una *diferencia fundamental* entre las normas semejantes de uno y otro bloques. Es la siguiente: el Derecho internacional general se construye con una *finalidad social* estricta (la de configurar el derecho a la Seguridad Social como uno de los derechos fundamentales de los trabajadores), en tanto que el Derecho comunitario europeo atiende prioritariamente a *objetivos económicos* (relacionados con la salvaguardia de la libre competencia de las empresas europeas y con la libre circulación y acceso a los mercados del factor productivo constituido por la mano de obra). Obviamente, esa diferencia conduce a *valoraciones e interpretaciones* también distintas de normas a veces sólo en apariencia semejantes.

En fin, este bloque normativo es, de los tres, el *más exigente y comprometido*. Su eficacia reforzada resulta de la presencia de instancias supranacionales de control de su aplicación; algunas de carácter jurisdiccional (es el caso del Tribunal de Justicia de Luxemburgo, que interviene con carácter prejudicial).

— El tercer y último bloque normativo lo constituyen los *Convenios internacionales bilaterales y multilaterales* suscritos por España, y en los que se contienen normas análogas a las de la legislación comunitaria; es decir: códigos y otras normas que comprometen al legislador interno en su tarea de conformar las instituciones nacionales de Seguridad Social; y normas sobre conflictos de leyes y de coordinación legislativa. Estas últimas están destinadas a la protección social en España de los *nacionales de terceros países* (no españoles, ni comunitarios europeos), y a la de los *españoles que permanecen en el territorio de tales terceros países*.

Los convenios y acuerdos *multilaterales* (de alcance indistintamente armonizador y coordinador) han sido elaborados, por lo general, en el seno de Naciones Unidas, de la OIT o en el Consejo de Europa. Las normas *bilaterales* tienen, casi siempre, planteamientos de coordinación legislativa, y se concretan, en reglas para resolver los problemas previsionales de los trabajadores migrantes. Extienden su eficacia, sobre todo, a los *españoles en Iberoamérica* (y en algunos países africanos) y a los nacionales de esos mismos países residentes o en estancia temporal en España.

Veamos, sin más preámbulos, el contenido fundamental y los caracteres de cada uno de esos tres bloques normativos.

II. NORMAS INTERNAS DE CONTENIDO O ALCANCE INTERNACIONALES

Es preciso reconocer la existencia de una cierta e *indirecta* influencia del Derecho comparado (y de algunas normas y declaraciones de origen supranacional, se hallen ratificadas o no) sobre la legislación interna española de Seguridad Social. Una influencia que es, además, constante y aun recíproca (porque no sólo los Derechos nacionales se influyen mutuamente, sino que a partir de sus coincidencias evolutivas motivan revisiones y mejoras en los textos de origen internacional).

Las normas de producción interna que interesan son, casi sin excepción, normas de Derecho Internacional Privado dedicadas a solucionar conflictos de leyes, positivos o negativos. Pero eso no obsta a la existencia también de disposiciones de contenido diverso, mediante las que el legislador español asume —y así lo declara expresamente en las correspondientes partes expositivas de sus normas— ciertos *principios y valores internacionalmente reconocidos*.

Estamos, en estos casos, ante normas cuyo *componente internacional, espontáneo e indirecto* puede permitir el recurso ocasional al Derecho exterior que las ha inspirado; sea para *interpretarlas y aplicarlas*, sea para valorar su eficacia interior.

Se trata —conviene dejar esto claro— de un internacionalismo real en cuanto a su contenido y propósitos, pero sólo aparente en la perspectiva formal o jurídica estricta. La convergencia legislativa internacional que implica, y la recepción autónoma de recomendaciones de origen supranacional, no resultan de compromiso alguno. Son *espontáneas*, y pueden ser desandadas libremente en cualquier momento posterior. No obstante, una y otra (la inspiración comparada y la recomendación supranacional no ratificada) son de hecho *decisivas para explicar el proceso evolutivo* más reciente de la Seguridad Social española. Casi tanto como resulta ser el Derecho internacional ratificado (y no simplemente imitado). La *parte expositiva* de gran número de leyes aprobadas en el pasado reciente invocan, corno uno de sus argumentos de autoridad más convincentes, el precedente internacional comparado.

Así pues, ignorar esa fuente internacionalizadora de la Seguridad Social española equivaldría a privar de explicación suficiente a muchas de las transformaciones recientes de sus prestaciones, su financiación o su estructura organizativa.

Pero no tendría mayor utilidad incluir aquí un catálogo de las leyes españolas de Seguridad Social vigentes en las que se justifican expresamente sus preceptos en la experiencia internacional, o en los postulados asistencialistas u organizativos aplicados en ese ámbito. La utilidad de tal empresa no guardaría proporción con el esfuerzo que su realización habría de requerir. Y, en último extremo, sólo serviría para confirmar lo obvio: que nuestro sistema protector es claramente *homologable* en el panorama internacional comparado, y que sus transformaciones ocasionales disponen siempre de algún *precedente* extranjero; el cual, como ya he dicho, sirve para interpretar y valorar las leyes interiores que inspira.

Quizá sea suficiente —desde luego es necesario— con citar el *artículo 10, núm. 2, de la Constitución*, que hace del Derecho internacional ratificado (en este caso del referido a la Seguridad Social) un *instrumento interpretativo* de primer orden para la valoración y aplicación del Derecho nacional. El precepto en cuestión tiene un doble efecto internacionalizador de nuestras instituciones protectoras: en primer lugar, significa, una suerte de *recepción «por arriba»* (de constitucionalización) del Derecho internacional de Seguridad Social y, en todo caso, su recepción por el ordenamiento jurídico español en plenitud (en tanto que ratificado, naturalmente); y en segundo lugar, *integra genéricamente al ordenamiento jurídico español* en ese Derecho internacional.

El artículo 10.2 de la Constitución no se refiere sino a las *normas internacionales ratificadas* por España, Empero, los *textos no ratificados*, si han sido invocados como modelo y referente por alguna Ley interna (como con frecuencia sucede), deben entenderse instrumentos de interpretación idóneos para valorar esas mismas leyes internas. Se trata de una apreciación obvia, que además se apoya en las reglas de la analogía y teleológicas.

En todo caso, conviene insistir que la *armonización espontánea* y autónoma de nuestra Seguridad Social con el *«modelo» internacional común* no es sólo cuestión de progresividad política. Se debe también a objetivos de otro alcance. Entre ellos, el de facilitar su *coordinación* en el plano internacional, (necesidad compartida con otros Estados ante la amplitud de los movimientos migratorios laborales, tanto más frecuentes e intensos cuanto mayor es la proximidad geográfica o cultural de los países implicados), y el de promover el *equilibrio de las relaciones comerciales* con el exterior.

Pero, como ya he anticipado, donde mejor se concreta el Derecho internacional de producción autónoma es en la regulación de los derechos de los trabajadores transito eterizados. La rama del Derecho internacional privado español de Seguridad Social, en efecto, trata de las siguientes dos cuestiones:

– los métodos de *protección especial* de emigrantes e inmigrantes, y

– los *contenidos* esenciales de esa protección especial, los cuales se relacionan muy directamente con los dos principios internacionalistas básicos de «igualdad de trato» y de «conservación de derechos» (o «exportabilidad» de prestaciones).

Porque la Seguridad Social española, como el resto de los sistemas comparados de carácter progresivo y con una cierta tradición, ha orientado su *tendencia expansiva* en una doble dirección: la incorporación de la *población activa no laboral* (trabajadores autónomos y asimilados), y la de los *trabajadores migrantes*. De este modo, la generalización de la Seguridad Social significa tanto la superación del originario *principio «laboralista»*, que pretendía encerrar las instituciones de protección social en los límites del contrato de trabajo, cuanto la superación del *«principio «nacionalista»*, orientado a reducir a la Seguridad Social dentro de círculos geopolíticos insolidarios (MONTOYA).

La superación del principio nacionalista dispone, en nuestro Derecho, de *dos vías* para su realización; respectivamente: las fórmulas destinadas a extender la asistencia a los emigrantes (actuales o retornados) y a sus familias; y las que consideran la protección de los trabajadores *inmigrantes*.

Esa doble vertiente internacionalista de la Seguridad Social española se expresaba clara y rotundamente en la Ley General, Texto Refundido de 30 de mayo de 1974.

Su artículo 7, núm. 2, afectaba a los *emigrantes*: «Los españoles no residentes en el territorio nacional quedarán comprendidos en el campo de aplicación de la Seguridad Social española cuando así resulte de disposiciones especiales establecidas con dicho objeto.» También el artículo 95, núm. 2, se refería a la Seguridad Social de los españoles en territorio extranjero cuando disponía que «... el traslado por la empresa fuera del territorio nacional... podrá ser asimilado a la situación de alta para determinadas contingencias, con el alcance y condiciones que reglamentariamente se establezcan». Aunque previos a la Constitución, ambos preceptos de la

LGSS acusaban perfecta sintonía con el artículo 42 de aquélla, según el cual «el Estado velará especialmente por la salvaguardia de los derechos económicos y sociales de los trabajadores españoles en el extranjero y orientará su política hacia su retorno».

La formulación actual del primero de tales preceptos (nuevo Texto Refundido de la Ley General, de 20 de junio de 1994), es *mucho menos clara y técnicamente defectuosa*. Como consecuencia de la innecesaria reforma introducida en él por la Ley de Prestaciones No Contributivas de 20 de diciembre de 1990, el precepto en cuestión, ahora constitutivo del número 4 del mismo artículo 7, dice así: «El Gobierno, en el marco de los sistemas de protección social pública, podrá establecer medidas de protección social en favor de los españoles no residentes en España, de acuerdo con las características de los países de residencia.» Como he dicho, se trata de un texto confuso y de dudosa técnica legislativa. En primer lugar, por su *referencia única al Gobierno* —eliminando la anterior referencia a normas de rango y origen diverso— para regular la materia; debe tenerse presente el rango de ley formal aprobada en Cortes [art. 94.1.c) de la Constitución] que corresponde a los Tratados y Convenios internacionales, constitutivos de la categoría de «normas especiales» que preferente y masivamente regulan la materia ahora considerada. Por otra parte, no veo mucha congruencia en la innovación de incluir dentro de la normativa específica de Seguridad Social una disposición que *excede in-moderadamente su ámbito institucional*, para afectar de manera indiscriminada a cualesquiera «sistemas de protección social» públicos. En fin, entre tales otros sistemas se engloba, sin disputa, al de *Asistencia Social*, cuyas instituciones pueden ser —y son de derecho— *competencia exclusiva* de las Comunidades Autónomas (véase, por todos, el! Estatuto del País Vasco; art 10, núm. 2), en la que el Gobierno central no debe interferir, (No salva esta objeción, en mi criterio, la competencia que se reconoce por la Constitución al Estado en las cuestiones de emigración, ya que por coherencia con el artículo 148.1.20, lo dispuesto en el artículo 149.1.2 sólo cabe entenderlo referido a cualesquiera modalidades de acción social no contributivas del sistema —o sistemas— autonómico de Asistencia Social o pública.)

Por su parte, el también referido antiguo artículo 95.2 de la Ley ha pasado ahora, sin alteraciones en su texto, a ser el artículo 125.2

de la nueva Ley General de Seguridad Social (Texto Refundido de 20 de junio de 1994).

El caso de los *inmigrantes* se regula en el número 5 del artículo 7 de la LGSS, antes citado: «Los hispanoamericanos, portugueses, brasileños, andorranos y filipinos (y los guineanos, desde la Ley 58/1980, de 11 de noviembre) que residan y se encuentren legalmente en territorio español, se equiparan a los españoles a efectos de lo dispuesto en el presente artículo» (esto es, a efectos de su inclusión en el sistema protector). «Con respecto a los nacionales de otros países —añade el mismo artículo 7, número 5— se estará a lo que se disponga en los Convenios, Acuerdos o Instrumentos ratificados, suscritos o aprobados al efecto, o suscritos al efecto o a cuanto les fuere aplicable en virtud de reciprocidad tácita o expresamente reconocida.»

Veamos, pues, también por separado, cuáles son *las formas y los contenidos* en los que se manifiestan, respectivamente, los derechos de Seguridad Social de los emigrantes y los que se reconocen y garantizan a los inmigrantes.

1. LA PROTECCIÓN ESPECIAL DE LOS ESPAÑOLES EMIGRANTES

Dos son los instrumentos jurídicos de origen interno dedicados al cumplimiento del mandato referido; a saber: la modalidad particular del *«Convenio especial»* (o contrato de afiliación voluntaria) para emigrantes; y la *asimilación al alta* (o equivalencia a la situación de activos asegurados) de los trabajadores trasladados al extranjero al servicio de empresas españolas, y de categorías semejantes.

Por virtud de alguna de esas fórmulas protectoras, resultan las cinco siguientes *prestaciones especiales* de Seguridad Social para emigrantes:

— la *protección sanitaria de los familiares* del emigrante que permanezcan en España;

— la *protección sanitaria y económica del propio emigrante* por los accidentes que sufra durante los viajes de emigración;

– la *protección sanitaria y contra el desempleo* de los emigrantes retornados;

– la posibilidad de *afiliación voluntaria* al sistema protector por parte de los emigrantes y de sus hijos, y

– *la continuación parcial en el aseguramiento* de los trabajadores destacados por sus empresas fuera del territorio nacional.

Mención aparte debe hacerse de los *españoles funcionarios de Organismos Internacionales*, y de la posibilidad de su afiliación voluntaria a la Seguridad Social española.

Junto a las anteriores prestaciones especiales de Seguridad Social existe también una serie de *beneficios complementarios* de carácter protector, de procedencia estatal y ajenos al sistema institucional.

Muy resumidamente, la siguiente es la regulación de cada una de las anteriores fórmulas de extensión protectora a los emigrantes:

A) Protección sanitaria de los familiares del emigrante que permanecen en España, y del propio emigrante durante sus desplazamientos temporales a territorio nacional

La fórmula protectora se contiene en estos casos en el Derecho 1075/1970, de 9 de abril (declarado subsistente por Orden de 30 de octubre de 1985, por la que se regula el Convenio especial en el sistema de la Seguridad Social).

En virtud de la disposición referida, la extensión protectora se produce en los casos de trabajo en países con los que *no exista Convenio de reciprocidad* en materia de asistencia sanitaria, o si dicha asistencia *no abarca a los familiares* que permanecen en España. Comprende tanto a los trabajadores y sus familias en sus desplazamientos temporales a España, corno a los familiares o asimilados residentes en nuestro país.

La asistencia sanitaria garantizada, en estos casos es *la misma*, en extensión y condiciones, que la establecida para los trabajadores no emigrantes en el Régimen General de la Seguridad Social,

La cotización, en estos casos, es íntegra a cargo del «Instituto» Español de Emigración (Servicios de acción asistencial de la Dirección General de Migraciones).

El procedimiento para la formalización del correspondiente Convenio especial, y los trámites para acceder a la situación asimilada a la de alta, se regulan en Orden de 10 de junio de 1970.

B) Protección sanitaria y económica de los emigrantes por los accidentes que sufran durante los viajes de emigración

Se trata de un derecho reconocido por Orden de 23 de diciembre de 1971. Según esa Orden, los accidentes sufridos por los emigrantes españoles durante el viaje de salida o de regreso al territorio nacional, concurriendo determinadas condiciones, son considerados *accidentes de trabajo* a efectos de su cobertura por la Seguridad Social española.

Su eficacia está condicionada, naturalmente, a los casos en los que el emigrante no cuenta aún (o ha cesado ya) con derecho a prestaciones por esta contingencia en el país de destino o de procedencia (el cual es el de su empleo inminente). De producirse conflicto positivo de leyes, se entiende, en efecto, que prima la de aseguramiento directo, antes de que la de aseguramiento asimilado o equivalente. Este, por naturaleza, concede derechos más debilitados. En última instancia, la solución de los conflictos debe canalizarse, si no es posible admitir la concurrencia de derechos, por la vía de opción del interesado.

Las *condiciones* para el reconocimiento del derecho están relacionadas con la pretensión de evitar fraudes, y se refieren a la naturaleza del viaje durante el que el accidente se produce. Así, se requiere que el viaje en cuestión corresponda a operaciones realizadas por el Instituto Español de Emigración, o con su intervención, o con asistencia por él prestada. El resto de las condiciones se refieren a la duración del viaje, su iniciación y su término.

La protección dispensada se financia con cotizaciones abonadas en su integridad por los servicios oficiales de asistencia a la emigración.

C) Protección sanitaria y contra el desempleo de los emigrantes retornados

La Orden de 18 de febrero de 1981 establece la posibilidad de Convenio en materia de asistencia sanitaria en el Régimen General de la Seguridad Social en favor de los españoles emigrantes que retornan al territorio nacional.

La garantía de asistencia se condiciona a que, pese a sus trabajos precedentes en el extranjero, el emigrante retornado no tenga derecho a tales prestaciones de acuerdo con la legislación del país de procedencia, o por aplicación de Convenio o Convenios internacionales que pudieran ser de aplicación o, en fin, por aplicación de la propia legislación española en virtud de título distinto.

El beneficio alcanza a los familiares del emigrante retornado, y se formaliza mediante suscripción de Convenio especial, en el que se establece la obligación de abono por el interesado de las correspondientes cotizaciones.

La Resolución de la Secretaría General para la Seguridad Social de 20 de agosto de 1986 considera también aplicable la Orden Ministerial que aquí se comenta (de 18 de febrero de 1981) a los *emigrantes pensionistas y sus familiares* que se desplazan temporalmente a España.

Existen, por otra parte, dos modalidades de protección, por *desempleo* de los emigrantes retornados: la asistencial y la contributiva o subsidio.

La prestación por desempleo *asistencial*, consiste en un porcentaje del Salario Mínimo Interprofesional, y tiene una duración limitada a seis meses, prorrogables hasta un máximo de dieciocho. Las siguientes son las *condiciones* para su obtención: estar desempleado; inscribirse como demandante de empleo en el plazo de un mes desde la fecha del retorno; no haber rechazado oferta de empleo adecuada; carecer de rentas, de cualquier naturaleza, superiores al salario mínimo interprofesional; haber trabajado en el extranjero un período mínimo de seis meses desde la última salida de España; y no tener derecho a prestación contributiva por la misma contingencia.

Con carácter general, la prestación *contributiva* (o subsidio) por desempleo tiene una duración que depende del número de meses de cotización previa al hecho causante. Pues bien, para los emigrantes retornados, la duración se calcula sobre el período cotizado por el interesado en los cuatro años inmediatos precedentes a su salida de España. La cuantía, por otra parte, está en función de los salarios de cotización, con un mínimo equivalente al Salario Mínimo Interprofesional, que es el generalmente aplicado a los emigrantes retornados, quienes carecen de bases de cotización, o son éstas muy antiguas y, por tanto, inferiores al importe de aquél.

La prestación contributiva puede ser concedida por una sola vez, en forma de *capital*.

D) Posibilidad de afiliación voluntaria al sistema protector por parte de los emigrantes y de sus hijos

El Real Decreto 996/1986, de 25 de abril, y la Orden de 28 de julio de 1987, que lo desarrolla, regulan la suscripción de «Convenio especial» (o contrato de aseguramiento voluntario) de los emigrantes e hijos de emigrantes que posean la nacionalidad española.

El mayor interés de esta figura es su oferta para que los interesados puedan *perfeccionar su derecho a pensiones* de la Seguridad Social.

Se incluye por esta vía en el campo de aplicación del sistema protector a los *emigrantes y a los hijos de éstos*, que trabajen en países que no tengan suscrito con España acuerdo o convenio sobre Seguridad Social o que, teniéndolos, no cubran la materia de pensiones (jubilación, incapacidad permanente y supervivencia), así como a los *retornados (y sus hijos)* que no se hallen obligatoriamente incluidos en algún régimen público de protección social en España.

Los suscriptores del expresado Convenio especial deben abonar, a su exclusivo cargo, el importe de la *cotización* a la Seguridad Social (calculada sobre la base mínima existente para trabajadores de más de dieciocho años, y consistente en la fracción del tipo que corresponda por las contingencias protegidas).

A diferencia de cuanto se establece con carácter general para los suscriptores de esta modalidad de inclusión en el aseguramiento, los emigrantes y sus hijos no precisan cubrir el requisito de *pertenencia obligatoria previa* al «seguro social» (con anterioridad a la salida de España), ni el de *carencia* (o cobertura de un período de cotizaciones prolongado y previo a la suscripción del Convenio).

E) Continuación parcial en el aseguramiento de los trabajadores destacados por sus empresas fuera del territorio nacional

El artículo 95 de la LGSS decide la *asimilación al alta* (y, por consiguiente, la permanencia en el aseguramiento) de los *trabajadores desplazados temporalmente* por sus empresas fuera del territorio nacional. Desarrolla la materia una Orden de 27 de enero de 1982.

Supone, en general, la obligación para ellos y sus empresas de *continuar cotizando* a la Seguridad Social española mientras dura su situación de desplazados. En ese tiempo, pueden causar derecho a cualesquiera de las prestaciones que el sistema protector contempla.

Como es obvio, se hace excepción de los casos de traslado del trabajador a países vinculados a España por Convenio bilateral internacional (cuya situación se rige normalmente por el expresado Convenio), o a alguno de los que forman la Unión Europea (caso en el que se aplican las normas *ad hoc* del Reglamento 1408, del que luego se habla).

El único problema práctico que esta situación plantea es el de *dispensación de asistencia sanitaria* a los desplazados. Se resuelve por la

Administración Gestora acudiendo a los centros asistenciales de la Seguridad Social del país de desplazamiento o estancia o, en su defecto, a los centros médicos privados existentes en el lugar.

Variaciones de este mismo tema —el de aseguramiento en España de- nacionales empleados en territorio extranjero por «empresas» españolas— son las del personal al *servicio de la Administración pública* en el exterior, el de los funcionarios españoles de *Organismos internacionales*, y el de nuestros diputados en el *Parlamento Europeo* y ciertas personas a su servicio. De cada una de ellas se trata más adelante.

F) El caso de tos españoles funcionarlos de Organismos Internacionales

Es también la figura del «Convenio especial» la utilizada para facilitar la incorporación voluntaria en el ámbito de ampliación del sistema de Seguridad Social a los españoles ocupados en Organismos internacionales y residentes fuera del territorio nacional. Su regulación —la de esta modalidad de Convenio— se contiene en el Real Decreto 2805/1979, de 7 de diciembre, desarrollado mediante Orden de 4 de febrero de 1980.

El *ámbito material* del Convenio alcanza sólo al subsistema de pensiones (por jubilación, invalidez permanente y muerte y supervivencia), siendo el pago de las *cotizaciones* de directa y exclusiva responsabilidad del funcionario o empleado del Organismo internacional en cuestión.

La *base de cálculo* de las cuotas es de elección del interesado (entre la máxima y la mínima existentes con carácter general), aplicándose a ella la fracción del tipo que corresponda por las contingencias expresadas, con forme a lo establecido en los reglamentos comunes sobre recaudación.

La *elección de base* (para el cálculo de las cuotas y también, por consiguiente, para determinación de la cuantía de prestaciones) se regula con *notable rigidez*: no puede ser cambiada en los tres primeros años de vigencia del Convenio, ni después de haber cumplido el interesado los cincuenta y cinco años de edad.

Una *modalidad especialísima* de extensión de la Seguridad Social española a los funcionarios dependientes de Organismos internacionales es la que afecta a los pertenecientes a las Comunidades Europeas. Su régimen de protección se vincula con los mandatos del Reglamento 259/68/CEE-EURATON - CECA, de 29 de febrero, que aprueba el Estatuto de los Funcionarios de esas Comunidades y, en síntesis, autoriza a las personas afectadas a trasladar al régimen de previsión social que regula las cuotas precedentemente abonadas en los regímenes nacionales de Seguridad Social (en. nuestro caso, los de Clases Pasivas y General o Especiales del sistema público aseguravito).

No cabe olvidar, por otra parte, lo dispuesto en el artículo 29.2, último párrafo, de la Ley 30/1984, de 2 de agosto, de medidas para la reforma de la Función Pública, en el 6, letras a) y b) del Real Decreto 730/1986, de 11 de abril, sobre Situaciones Administrativas de los funcionarios de la Administración del Estado, así como el 11 de este mismo Real Decreto 730/1986. Frente al *carácter voluntario* en el aseguramiento o su conservación que trasciende de las normas antes citadas, aquí se dispone la simultánea permanencia obligatoria de estas personas en Clases Pasivas o en el Sistema de Seguridad Social a los exclusivos efectos del derecho a prestaciones de vejez (y el deber correlativo de cotizar).

Tanta variedad de medios, y sus contradicciones, aconsejan una *reforma inmediata* del Derecho aplicable en estos casos.

G) Aseguramiento del personal español contratado al servicio de la Administración española en el extranjero

Su inclusión en el campo de aplicación de la Seguridad Social se rige por el Real Decreto 2234/1981, de 2 de agosto, y la Orden de 27 de enero de 1982. Según esas normas, la inclusión *sólo es posible* si la Seguridad Social del país de residencia excluye su afiliación, o cuando le conceda libertad de opción.

Las *prestaciones* en este caso cubiertas son todas y las mismas que las contempladas para el Régimen General, con excepción de las de desempleo.

Una vez más, la protección sanitaria es la más difícil de cumplir. En este caso, el interesado elige la entidad asistencial del lugar de residencia, cuya *factura* le compensa después la Administración gestora española. Eso sí, la compensación no es por la totalidad de su importe, ya que los honorarios médicos se abonan según las tarifas vigentes en España, los costes de hospitalización se limitan en un tope máximo equivalente al medio real de las estancias en los centros médicos de la propia Seguridad Social española, y la farmacia sólo se compensa en su integridad cuando se ha usado de ella en régimen de internamiento (los de dispensación ambulatoria se abonan en el 50 por 100 de su importe).

H) Asimilación al alta de los diputados españoles del Parlamento Europeo y de las personas a su servicio

La Orden de 1 de junio de 1988 prevé un procedimiento particular para facilitar la incorporación a la Seguridad Social de los españoles que sean diputados del Parlamento Europeo, hubieran o no estado antes comprendidos en el sistema protector.

Sus *cotizaciones* se calculan a partir de la asignación que perciben con cargo a las Cortes Generales (se les asimila al Grupo 1.º de cotización de la Escala vigente para el Régimen General). Pero la cuota se ingresa por las Cortes Generales, y a su cargo.

Incluye protección por todas las *contingencias y situaciones* que contempla el Régimen General, incluidas las profesionales.

Una Decisión de la Dirección General de Ordenación Jurídica y Entidades Colaboradoras de la Seguridad Social, de fecha 10 de diciembre de 1986, transcrita en Circular 3-003, de 19 de febrero de 1987, de la Tesorería General, extiende aquel beneficio a los asistentes de los Diputados (secretarios, documentalistas y encargados de investigaciones).

I) **Otros beneficios establecidos para emigrantes**

Junto a las anteriores prestaciones especiales de Seguridad Social para emigrantes existen, también, otros beneficios complementarios de procedencia estatal y *ajenos al sistema asegurador*.

A) Derivan algunos de las prórrogas y adiciones a la Orden de 22 de abril de 1993, en la que se contienen *programas asistenciales* específicos para la emigración y para retornados.

Los emigrantes *retornados* pueden acceder, en virtud de esos programas, a ayudas para cubrir *gastos extraordinarios* derivados del retorno; y otras para facilitar su *reintegración laboral* en España, y su *orientación profesional* con el mismo fin.

Los emigrantes no retornados pueden obtener también, por aplicación de tales programas, *ayudas económicas ordinarias* de carácter asistencial; entre ellas, las destinadas a proveer de medios a los *incapacitados* en situación de necesidad para atender gastos básicos de alojamiento, manutención, tratamiento médico y hospitalización y análogos; y otras *extraordinarias* derivadas de la emigración (gastos de asistencia sanitaria y jurídica, fundamentalmente).

Por Orden de 16 de febrero de 1994, del Ministerio de Asuntos Sociales, se procede a la puesta al día y ampliación de esos Programas asistenciales. Distingue la Orden cinco tipos diferentes de Programas; respectivamente, de Ayudas asistenciales, de Integración Social y Orientación Profesional, de Ayudas para la Promoción Social, de Ayudas de carácter Asociativo y Cultural, y de Ayudas para la Gestión de Empleo en el exterior.

Las *Ayudas asistenciales* pueden ser ordinarias o extraordinarias. Entre las primeras se incluyen las prestaciones económicas para *emigrantes incapacitados residentes en Iberoamérica y en Marruecos*. Son Programas extraordinarios de ayuda los que se destinan a atender gastos de ese mismo carácter soportados por los emigrantes por razones de *salud* (problemas graves), o de *asistencia jurídica* derivados de procesos sociolaborales y similares, o civiles referidos a separaciones, divorcios y reclamación de alimentos, y otros semejantes. Asimismo, se conceden con carácter extraordinario ayudas para la cobertura de *asistencia sanitaria*.

El Programa de *Integración Social y Orientación Profesional* atiende tanto a residentes en el exterior como a retornados. Para estos últimos, las ayudas se destinan a facilitar su establecimiento como *trabajadores autónomos* o en las distintas modalidades de *trabajo asociado*. Ciertas entidades, españolas o extranjeras, dedicadas a *facilitar información sociolaboral* a emigrantes, pueden también obtener ayudas.

La *promoción social* de los emigrantes y sus familiares se procura mediante la concesión de becas para *estudios universitarios y de posgraduado*.

En el marco del Programa de Ayudas para la Promoción Social se incluyen subvenciones para viajes a España de emigrantes mayores de sesenta y cinco años residentes en Iberoamérica y Rusia.

En fin, la Orden de referencia prevé la concesión de atención económica para la *obtención de puestos de trabajo en el exterior*, de las que son beneficiarios los propios emigrantes, los empresarios españoles o extranjeros que ofrezcan los puestos de trabajo, así como los agentes colaboradores reconocidos oficialmente como tales a esos efectos[1].

J) **Las denominadas pensiones asistenciales por *ancianidad* de emigrantes (Real Decreto 728/1993, de 14 de mayo, y Orden de desarrollo de 1 de julio del mismo año)**

La norma configura un *derecho subjetivo* de los beneficiarios (residentes en el exterior, españoles de origen, mayores de sesenta y cinco años y sin recursos) a estas pensiones, pese a su naturaleza asistencial. (Es dudoso, por lo discriminatorio, que el requisito que condiciona el derecho a la pensión —al *carácter originario* de la nacionalidad española— pueda prosperar; lo probable es que cualquier forma de acceso a la nacionalidad —de origen o adquirida— pueda facilitar el acceso a la pensión.)

---

[1] Con este libro en fase de corrección de segundas pruebas de imprenta, se ha publicado en el BOE núm. 8, de 10 de enero de 1995, una nueva Orden —de 27 de diciembre de 1994— que actualiza lo dispuesto en la de 16 de febrero de ese año, a la que el anterior comentario se refiere.

La *competencia* para su creación, regulación y concesión — también en contraste con aquella naturaleza—se hace depender, en calidad de exclusiva, de la Administración Central del Estado (a cuyo fin, el Real Decreto invoca el art. 149.1.2 de la Constitución).

La *cuantía* de la pensión toma como referencia general la de las no contributivas de la Seguridad Social por la misma contingencia, si bien adaptándola de manera singular a los diferentes niveles de *coste de vida del país de residencia* de cada solicitante.

No debe pasarse por alto el contenido de la Disposición Adicional primera del Real Decreto de referencia. En ella se crea una *modalidad prestacional aparentemente mixta* entre las pensiones para emigrantes que el referido Real Decreto crea y las No Contributivas de Seguridad Social. Se trata, en síntesis, de pensiones de esta última naturaleza (así las califica la norma y su mismo régimen de financiación lo confirma), si bien exceptuadas del requisito de *previa residencia prolongada* en territorio nacional. Se conceden a españoles que emigraron durante el período 1936-1942 y que hayan retornado a España (es decir, no residentes en el exterior).

Tales caracteres —y en particular el de exclusión de uno de los requisitos condicionantes del derecho a pensiones No Contributivas— permiten la opinión de que, en este punto, el Real Decreto es tan socialmente progresivo como *jurídicamente inválido*.

En términos generales, el Real Decreto parece producto de la improvisación y de la precipitación. Crea instituciones sin reflejo conocido en los sistemas comparados: la Asistencia social y el común de las prestaciones contributivas, financiadas por impuestos, se proyectan en los sistemas extranjeros para quienes tributan y son consumidores en el propio país.

2. La protección social de los extranjeros inmigrantes

Es asunto capital en este punto el grado de cumplimiento de los principios de reciprocidad e igualdad de trato. Como cuestión menor, por cuanto no manifiesta problemas graves en la práctica, debe tratarse también de las limitaciones existentes con respecto al principio de exportabilidad de prestaciones.

Existe, por último, un método particular de incorporación a la Seguridad Social española de los empleados extranjeros al servicio de Embajadas acreditadas en nuestro país.

A) Igualdad de trato entre españoles y extranjeros en cuestiones de Seguridad Social

Puede sostenerse que España aplica en el más alto grado el principio de igualdad de trato de nacionales y extranjeros en materia de Seguridad Social. Son tres las *vías* seguidas para ello, todas ellas sustentadas en lo dispuesto por la regla general del artículo 7 de la Ley General de Seguridad Social, citado (trataré aquí de todas ellas, con objeto de ganar una *visión completa* del asunto):

a) La *vía exclusiva del Derecho interno*, en virtud de la cual existe *equiparación absoluta e incondicionada* (es decir, extensiva a todos los riesgos y contingencias y no sometida a condición ni prueba de reciprocidad) con respecto a los nacionales hispanoamericanos, guineanos, portugueses, brasileños, andorranos y filipinos (art. 7, párrafo 4, Ley de Seguridad Social).

Asimismo, los *apátridas* gozan de equiparación absoluta, en virtud de lo establecido por reciente reforma del Código Civil (art. 9, núm. 10): «... se considerará como ley personal de los que carecieren de nacionalidad o la tuviesen indeterminada, la ley del lugar de su residencia habitual».

Por último, la vía del Derecho interno atribuye *equiparación limitada* a la protección de los riesgos de *accidentes y enfermedades profesionales* [«... la reciprocidad se entenderá reconocida en todo caso...», dice el art. 1.4.*b)* del Reglamento aplicable] y de *maternidad* (art. 14 del Reglamento sobre asistencia sanitaria).

Para la Seguridad Social española, el problema de los *«destacados»* no radica en los españoles en el exterior, los cuales, como luego veremos, tienen un régimen de protección específico, sino en los trabajadores de ciertos países desplazados temporalmente al territorio español por empresas extranjeras: lo difícil no es sólo juzgar sobre la *exclusión* de estos trabajadores de afiliación en España, sino también *distinguirlos* en la práctica diaria con respecto a los inmigrantes comunes. Se trata, en suma, de impedir que todo extranjero ocupado en filiales españoles de empresas multinacionales y extranjeras «se conviertan como por ensalmo en destacados» (CUBAS), para eludir la obligación de cotizar por ellos en España. De otro modo, se primaría —al ser más barata— la contratación de extranjeros en perjuicio de empleo de españoles por las referidas empresas.

Debería, pues, cubrirse la *laguna legal* que afecta a estos inmigrantes (no tratados por el Convenio núm. 97 de la OIT), definirse una *política restrictiva* en la aceptación de la excepción de afiliación señalada y, en todo caso, establecer *procedimientos de control* de la figura jurídica del «destacado». Se trata de un número creciente de personas procedentes de diversos países, principalmente japoneses, para, los que no se aplica en nuestro país solución uniforme.

b) Por la vía del *Derecho internacional multilateral* y, en concreto, a raíz de la ratificación y vigencia del Convenio número 97 de la OIT (interpretado por Resolución de 15-IV-1968), existe equiparación absoluta e incondicionada entre nacionales y *cualesquiera extranjeros* excepto cuando se trate de: autónomos; trabajadores fronterizos; artistas y profesiones liberales en estancia temporal; y gente de mar (art. 11.2 del Convenio núm. 97 de la OIT).

La reciente creación de *prestaciones no contributivas por hijo a cargo* ha dado origen a nuevos problemas sobre el significado de los términos «reciprocidad» (utilizado por la Ley General) e «igualdad de trato» (impuesto por el Convenio núm. 97 de la OIT), Y, sobre todo, ha reverdecido el viejo tema del alcance y compromisos de la ratificación del citado Convenio número 97. No comparto la tesis oficial (Instrucción del Subdirector General de Gestión del INSS, de 1 de octubre de 1993, en la que se transcribe decisión de la Dirección General de Ordenación Jurídica y Entidades Colaboradoras de la Seguridad Social de 20 de julio del mismo año; BINSS de octubre de 1993, pág. 138) según la cual los extranjeros con residencia legal en España *no tienen derecho* a tales prestaciones, salvo reciprocidad expresa (o no automática y probada) o expresa mención de norma internacional. Como ya he anotado, la ratificación del Convenio número 97 de la OIT obliga a España a conceder igualdad de trato con respecto a cualesquiera prestaciones de Seguridad Social, y *con independencia* de la existencia o no de la prestación en cada caso considerada en la legislación del país de origen del inmigrante, y del trato que esa misma legislación conceda a los nacionales españoles residentes en el territorio del país en cuestión.

Los *refugiados* gozan también de equiparación absoluta a partir de la ratificación por España de la Convención sobre el Estatuto de los Refugiados, de Ginebra, y el Protocolo sobre el Estatuto de los Refugiados, de Nueva York.

A esta vía internacional multilateral corresponden también los *Reglamentos CEE* sobre Seguridad Social de Trabajadores Migrantes (1408/71 y 574/72, así como los posteriores complementarios o modificativos), en virtud de los cuales se establece una *total equiparación de derechos* entre todos los ciudadanos de los países miembros, cualquiera que sea el régimen de pertenencia (*incluidos* los autónomos, los profesionales liberales, la gente del mar y los artistas y fronterizos).

Determinados *Acuerdos y Cooperación y Asociación CEE* extienden la protección igualitaria de los países miembros, España incluida, a los nacionales de Estados terceros determinados.

La relación de esos Acuerdos incluye los siguientes: Acuerdo sobre *Espacio Económico Europeo* (EEE) (CEEAELE), firmado el 2 de mayo de 1992, y modificado por el Protocolo de 17 de marzo de 1993, que afecta a los nacionales de Austria, Finlandia, Noruega, Islandia y Suecia; Acuerdo CEE-Suiza (dada la exclusión de este país del Acuerdo EEE, se prevé que la Comunidad concluya con él un Acuerdo separado, de cláusulas análogas a las que figuran en el texto EEE); Acuerdo con la República de San Marino, firmado el 16 de diciembre de 1991 (aún no ratificado) ; Acuerdos de asociación y cooperación con Turquía (en particular, Decisión 3/1980, de 19 de diciembre), con Marruecos, Túnez y Argelia; Convenio con los países ACP (África, Caribe y Pacífico); Acuerdos con la antigua Yugoslavia, Polonia, Hungría, República Checa, República Eslovaca, Rumania, Bulgaria, Eslovenia, Albania, Estonia, Letonia, Lituania y otros.

El artículo 2, número 2, del Reglamento CEE número 1408/71, por su parte, refuerza la protección igualitaria de los *refugiados y apátridas* por esta vía al disponer que «... se aplicará (el Reglamento) a (los)... refugiados o apátridas que residan en el territorio de uno de los Estados miembros».

En ambas vías (la interna y la internacional eurocomunitaria), la equiparación resultante afecta tanto a los *derechos individuales de afiliación y prestaciones*, como a los de tipo *electoral y representativo* (elegir y ser elegido) relacionados con la participación en el gobierno y control de las instituciones gestoras.

c) Por último, mediante la *vía internacional bilateral*, tácita o expresa, se dispone también la equiparación, total o parcial, respecto de cualesquiera extranjeros no hispanoamericanos, ni filipinos, andorranos, portugueses o brasileños, excluidos del campo de aplicación del Convenio número 97 de la OIT (gente del mar, fronterizos, artistas, autónomos, etc.) y, de hecho, son todas ellas categorías profesionales generalmente incluidas en los Convenios bilaterales vigentes.

B) Exportabilidad de las prestaciones

La reforma de la Seguridad Social operada a partir de 1963 ha dejado *sin regulación expresa* este tema, excepto —naturalmente— la contenida en los distintos Convenios multilaterales y bilaterales suscritos con diversos países, en todos los cuales se recoge la cláusula de exportabilidad. (Otros —los Reglamentos CEE— excluyen los suplementos de pensión por mínimos; y ello obliga a excluirlos también para los demás países y para otras nacionalidades, salvo Convenio bilateral expreso en contrario.)

Esta *falta de normas generales internas*, unida a las dificultades de control de los beneficiarios para la comprobación de su permanencia en la situación que condiciona el derecho, así como el *carácter excepcional* de las normas bilaterales en las que se establece la exportabilidad, permitirían afirmar, sin más, que rige con carácter general

—aunque con numerosas excepciones— el principio de *no exportabilidad*.

La *práctica* seguida desde entonces sin solución de continuidad es, sin embargo, *justamente la contraria*; hasta el punto de que se están abonando pensiones a residentes en países que *no observan reciprocidad* al respecto, y ello con independencia de la nacionalidad — española o extranjera— del pensionista. (Lo que implica, en principio, el incumplimiento de la regla de reciprocidad establecida en el art. 7 de la LGSS.)

Probablemente, la situación es producto de diversas causas, entre las que priman la *naturaleza contributiva* de las prestaciones exportadas y la *complejidad del Derecho anterior* (el cual hay que considerar, en cierto modo, como *no derogado*, ya que no existe norma sustitutiva).

De conformidad con tal Derecho anterior, el «pensionista que traslade su residencia fuera del territorio nacional no percibirá, mientras dure su ausencia, las correspondientes mensualidades» (art. 47 del Reglamento del Mutualismo laboral de 17-IX-1954). Esta regla, sin embargo, y de ahí la complejidad, podía ser *moderada*, sólo para las pensiones de jubilación y supervivencia, mediante alguno de estos dos procedimientos:

a) Gestionando el percibo «íntegro» (de tales mensualidades) al *regreso al territorio español*, para lo cual era preciso comunicar los cambios de domicilio a la Entidad Gestora y remitirle los necesarios documentos justificativos de «vida y estado civil»; o

b) Obteniendo la autorización para el cobro en el extranjero, mediante un procedimiento que implicaba la participación de las Autoridades monetarias y de Hacienda y la *apertura de una cuenta corriente —de cobro y de transferencia— en un Banco Nacional* (o, alternativamente, la mediación de un *mandatario con poder suficiente* para el cobro de la pensión y autorizado para efectuar la transferencia).

Debo insistir en la *confusión* reinante en estas cuestiones, donde la práctica y la norma se contradicen, y en el que la norma expresa aplicable no existe, resultando su identificación de un proceso interpretativo relacionado con la técnica de sucesión de normas. Con todo, debe recordarse al respecto la *regla de la reciprocidad* instituida en el artículo 7 de la LGSS, en virtud de la que deberían retenerse los pagos a los nacionales de terceros países que no exportan sus prestaciones a sus beneficiarios españoles. Es, obviamente, y por lo demás, un modo de presionar en favor de estos últimos que dispone de fundamento legal suficiente.

El problema no se agota ahí. Incluso se agrava en el caso de los *suplementos por mínimos* de las pensiones, cuya naturaleza y caracteres hacen de ellos, por principio, un concepto prestacional inexportable. (Aunque creo que esta observación vale ahora de poco —o quizá esté más justificada que nunca—, habida cuenta de la reciente creación de las pensiones asistenciales para residentes en el extranjero, a las que antes me he referido.)

Cierra la lista de complicaciones la posibilidad de no exportar tales su-plementos por mínimos prevista en el *artículo 50 del Reglamento 1408/71/CEE*, y que afecta (afectaría de aplicarse, aunque únicamente fuera a título de reciprocidad con aquellos países que le dan juego) a los españoles residentes en el territorio comunitario y a los nacionales de los demás Estados miembros asimismo residentes en ese territorio. Es claro que no cabría admitir, en virtud del propio Derecho comunitario, una situación de peor derecho de los trabajadores de alguno de los doce Estados miembros de la Comunidad que a los de terceros países, residan donde residan.

C) Aplicación al personal no funcionario al servicio de las Representaciones Diplomáticas acreditadas en España

Se autoriza por Resolución de la Secretaría General para la Seguridad Social de 25 de junio de 1984 (no publicada en el *BOE*) y por Nota Verbal (Circular 11/7, de 8 de marzo de 1985) del Ministerio de Asuntos Exteriores (tampoco publicada en el *BOE*).

Ambas decisiones se justifican en la necesidad de ejecución de los compromisos asumidos con motivo de la ratificación por España de los Convenios de Viena sobre Relaciones Diplomáticas y Declaraciones Consulares (de 18 de abril de 1961 y de 24 de abril de 1963, respectivamente).

En su virtud, se ha producido hasta el presente la inclusión en la Seguridad Social española de los empleados no funcionarios de las Embajadas de *Corea* (Resolución de 3 de febrero de 1989), *Guatemala* (Resolución de 13 de diciembre de 1988), *Japón* (Resolución de 27 de abril de 1981), *India* (Resolución de 13 de febrero de 1985), *Irán* (Resolución de 26 de mayo de 1973, anterior, por tanto, a las normas generales referidas), *Irak* (Resolución de 23 de febrero de 1974, asimismo anticipa a las normas generales), *Libia* (Resolución de 25 de mayo de 1985), *Malasia* (Resolución de 28 de noviembre de 1986), *Nigeria* (Resolución de 2 de mayo de 1978 y, por tanto, de fecha precedente a la de la Secretaría General de la Seguridad Social que ampara este tipo de inclusiones excepcionales en el aseguramiento), *Pakistán* (Resolución de 22 de febrero de 1980, asimismo previa en el tiempo a la norma general), *Quatar* (Resolución de 4 de marzo de 1983), *Thailandia* (Resolución de 11 de noviembre de 1977), *Turquía* (Resolución de 19 de noviembre de 1984), *Arabia Saudí* (Resolución de 25 de junio de 1980), *Argelia* (Resolución de 3 de febrero de 1975), *Australia* (Resolución de 31 de enero de 1980), *Canadá* (Resolución de 27 de noviembre de 1971), *Emiratos Árabes* (Resolución de 22 de octubre de 1990), *Finlandia* (Resolución de 7 de junio de 1976), *Hungría* (Resolución de 27 de noviembre de 1971), *Nicaragua* (Resolución de 11 de marzo de 1994) y *Panamá* (Resolución de 3 de junio de 1994).

Ninguna de las anteriores Resoluciones consta publicada en el *Boletín Oficial del Estado*.

III. NORMAS DE ORIGEN COMUNITARIO EUROPEO

1. LAS RAMAS PÚBLICA Y PRIVADA DEL DERECHO INTERNACIONAL EUROPEO DE SEGURIDAD SOCIAL

De una u otra, forma —directamente, o previa la transposición en normas de Derecho interno— los *Reglamentos y Directivas* dictadas por los órganos con competencia de la Unión Europea pasan a formar parte del Derecho Internacional Español de Seguridad Social.

Ese segundo *bloque normativo* es, con mucho, el más trascendente. Sus preceptos se aplican a cerca del 75 por 100 de nuestros emigrantes, que trabajan, en el interior de las fronteras comunitarias, y a la gran mayoría de nuestra inmigración, que procede de sus distintos países miembros.

Pero no sólo los Reglamentos gozan de preeminencia. También las Directivas disponen de eficacia cualitativa. Siendo de obligada aplicación en sus contenidos y, en casos excepcionales, también en su forma (directa, e inmediatamente a falta de norma interna de transposición), es obvia su superioridad con respecto a las normas armonizadoras de cualquier otro origen.

Porque dos son, en efecto, las *ramas* del Derecho Europeo de Seguridad Social que absorbe el ordenamiento jurídico español; a saber: de una parte, el denominado *Derecho de armonización*, convergente o de aproximación de las legislaciones respectivas de los doce Estados Miembros y, de otra parte, el *«Derecho de coordinación»* de esas mismas doce legislaciones nacionales.

El *«Derecho armonizador»* —del que son destinatarios directos los propios Estados— equivale en gran medida a la *rama pública* del Derecho internacional europeo de Seguridad Social

Lo forman un *conjunto de Directivas orientadas hacia la aproximación* de los distintos ordenamientos nacionales sobre Seguridad Social. Se trata de normas supranacionales que sólo obligan a los Estados «en cuanto al *resultado* que debe perseguirse, dejando a las Autoridades nacionales las formas y los medios» para obtener ese resultado; es decir, de normas que requieren la transposición de sus mandatos en otras normas nacionales propias y singulares.

La mayoría de esas Directivas *están referidas* a la implantación en todas partes de una efectiva *igualdad de trato entre hombres y mujeres* en materia de Seguridad Social (Directivas 79/7, 86/613 y 86/378). Las demás se relacionan, con las *garantías obligadas de protección soda! de los trabajadores en los casos de insolvencia de las empresas* (Directiva 30/987) o con el mantenimiento de derechos en casos de *transferencia de empresas* o de parte de empresas (Directiva 77/187),

El *«Derecho de coordinación»*, por su parte, constituye *la rama del*

Derecho internacional privado europeo sobre la misma materia de Seguridad Social. Lo forman un conjunto de normas supranacionales de alcance general, obligatorias en todos sus elementos y directamente aplicables en cada Estado miembro, *destinadas* fundamentalmente a resolver los *conflictos de leyes* —positivos y negativos— relativos a Seguridad Social (conflictos numerosos habida cuenta de la heterogeneidad de los ordenamientos nacionales en presencia, y la intensidad de los movimientos migratorios (intracomunitarios); pero también a proporcionar un régimen de *garantías de protección social suficiente* a los trabajadores migrantes (protección seriamente dificultada por el hecho migratorio precisamente).

2. NORMAS DE DERECHO COORDINATORIO

El Derecho de coordinación incluye las medidas supranacionales adoptadas para regular la Seguridad Social de los Trabajadores Migrantes, en cuanto que tales trabajadores son los «ciudadanos comunitarios por antonomasia» (RODRÍGUEZ-PIÑERO).

Tales medidas tienen su *fundamento «constitucional» o «supralegal»* en los artículos 3 y 51 del Tratado de Roma. El primero de ellos autoriza la supresión de cuantos obstáculos se opongan a la libre circulación de las personas en el interior de la Comunidad. El artículo 51, por su parte, se refiere muy específicamente a la materia de Seguridad Social. En él se encarga al Consejo que, a propuesta de la Comisión, adopte por unanimidad las medidas necesarias para garantizar la libre circulación de los trabajadores por medio de un sistema de coordinación de legislaciones destinado a facilitar la conservación de los derechos y expectativas de derechos de Seguridad Social de los migrantes.

El *instrumento normativo* empleado por el Consejo para la coordinación son los Reglamentos: normas de *directa aplicación* por jueces y funcionarios en el interior de los Estados miembros, y que *prevalecen* sobre los respectivos Derechos nacionales en caso de conflicto.

Ese Derecho coordinatorio se encuentra sintetizado, en lo esencial, en el *Reglamento CEE 1408/71* y, en lo referido a los *procedimientos* para su aplicación, en el *Reglamento CEE 574/72*. (Numerosos

Reglamentos posteriores han venido a *revisar parcialmente, o a completar*, esos dos Reglamentos básicos; pero todos ellos se *han integrado en el texto de ambos Reglamentos 1408/71 y 574/72*, por lo que su estudio debe abordarse, asimismo, de forma integrada.)

Los *fines directos* de los Reglamentos son:

– la garantía de *adquisición y conservación de los derechos* individuales de Seguridad Social de los trabajadores migrantes, y

– la garantía de *igualdad de trato* de todos los trabajadores, con independencia de su nacionalidad.

Sus *técnicas* son las propias de su intención coordinatoria, y consisten básicamente en reglas de *determinación de la legislación nacional en cada caso aplicable* y, excepcionalmente, en la construcción de *reglas combinatorias* de diversas legislaciones aplicables sucesiva o simultáneamente en supuestos concretos.

Para el estudio del Derecho coordinatorio se precisa distinguir entre su génesis y evolución, sus *principios de ordenación* y sus *técnicas aplicativas*.

A) Génesis y evolución

Las transformaciones sucesivas del Derecho de coordinación han perfeccionado sus métodos y multiplicado su eficacia, pero no han resuelto definitivamente ninguna de sus dos graves limitaciones de fondo iniciales. Estos son los *hitos más significativos* de ese proceso.

a) *La primera referencia* a la Seguridad Social dentro del Derecho Europeo Comunitario se halla en *el artículo 6 del Tratado CECA (1951)*.

Todas las posteriores disposiciones siguen su línea política y técnica básica, según, la cual, *la legislación y la gestión de la Seguridad Social conservan su carácter nacional y territorial*. Así, y muy recientemente, el Acta Única insiste en la exclusión de la Seguridad Social de las competencias comunitarias y en la necesidad consiguiente de la *regla de la unanimidad* para regular excepcionalmente en sede común alguno de sus aspectos.

El Tratado CECA preveía la *técnica convencional o pactada más tradicional* para, resolver la Seguridad Social de los Trabajadores Migrantes: la de «*dejar en manos de los Estados* miembros la tarea de *concertar entre ellos* los arreglos necesarios para que las disposiciones nacionales relativas a Seguridad Social no constituyan un obstáculo a los movimientos de la mano de obra».

Es preciso recordar que, *para entonces*, los Estados miembros se hallaban ya enlazados por *numerosos convenios bilaterales* sobre la materia.

El *progreso* del Tratado CECA es, pues, *muy limitado*: consiste en imponer a los Estados la concertación de medidas que, de *modo espontáneo*, éstos ya habían establecido.

Por otra parte —y como segunda manifestación de su limitado alcance—, el Tratado CECA no concede a las instituciones comunitarias otro cometido que el de realizar una labor de *mera orientación y ayuda técnica* a los Estados, para facilitar compromisos bilaterales entre ellos.

b) El *Tratado de Roma* significa un paso cualitativo importante: sustituye la fórmula convencional o contractual bilateral entre los Estados por una *norma común unánimemente acordada*, con lo que, de paso, asegura un *régimen coordinatorio multilateral y uniforme* (y no simplemente bilateral y heterogéneo o disperso).

Se deja la *regulación sustantiva* de los derechos de Seguridad Social a los Estados, y su *gestión* asimismo a los Estados. Pero se sitúa en las instituciones comunitarias la *solución de los conflictos y la ordenación de las relaciones* entre esos derechos, cuando afectan a los trabajadores migrantes.

c) Como consecuencia, se aprueban en 1958 los *Reglamentos números 3 y 4*. Son la primera manifestación de la sobrevenida *competencia comunitaria parcial y excepcional en la materia*.

Tales Reglamentos —antecedente inmediato de los vigentes Reglamentos 1408/71 y 574/72-— vinieron a sustituir a los casi 80 Convenios bilaterales concertados hasta entonces entre los países miembros, representando en su época el sistema de coordinación legislativa más completo en el plano multilateral.

Su puesta en aplicación puso pronto de relieve, no obstante, numerosos *límites y lagunas*.

Ello obligó a continuas revisiones, vía Reglamentos modificativos, vía decisiones administrativas integradoras de la Comisión Administrativa, vía una doctrina jurisprudencial francamente «revisionista» (RODRÍGUEZ-PIÑERO).

d) Su sustitución por los vigentes Reglamentos 1408/71 y 574/72 obedece, pues, a diversas *causas*, y tiene *consecuencias* de cierta importancia.

Las *causas* son numerosas: explotación de las experiencias deducidas de la práctica precedente; adaptación a los cambios operados en las legislaciones nacionales; simplificación o el desarrollo de las reglas de coordinación utilizadas; y ampliación de ámbito de cobertura reglamentario.

La *consecuencia* más sobresaliente es la profundización en la aplicación del principio de igualdad de trato.

e) Al *comienzo de los años ochenta* se produce una reforma sustancial de los nuevos Reglamentos, ampliando la aplicación de sus normas a los *trabajadores autónomos* que se desplazan en el interior de la Comunidad, y a sus familias,

f) En la actualidad nos hallamos en trance de *nuevas ampliaciones en los ámbitos subjetivo (personas protegidas) y objetivo (prestaciones afectadas), como consecuencia de la implantación del Mercado Interior.*

En esa línea se trabaja ya. Parece claro el final de ese proceso: los Reglamentos habrán de considerar a *todos los ciudadanos europeos* (sean o no activos) y a *todas las prestaciones* existentes (sean o no contributivas). Se trata de un final que avanza en paralelo con los procesos de «universalización» de los propios sistemas nacionales de

Seguridad Social

B) Principios de ordenación

Como el común de los Convenios internacionales sobre Seguridad Social para migrantes, el Reglamento 1408/71 pretende de manera general dar efectividad a *cinco principios fundamentales*, con cuyo cumplimiento se juzga garantizada una protección completa para este tipo de trabajadores; se trata de los *principios de igualdad de trato*, *de territorialidad* (o principio de determinación, como aplicable de la legislación del Estado de empleo y ocupación), de *conservación de derechos adquiridos* (denominado también como principio de «servicio de prestaciones en el extranjero»), de *conservación de derechos en curso de adquisición y de colaboración administrativa*.

El conjunto de las reglas o condiciones de aplicación previstas para dar juego a estos principios se deduce de la *técnica de coordinación tradicional de legislaciones nacionales* de Seguridad Social, *consistente en orientar esa aplicación:*

—en un sentido *coherente* respecto de cada una de esas legislaciones en particular y por relación con el conjunto de todas ellas;

—conforme a los *intereses legítimos* de los trabajadores migrantes y sus necesidades específicas, y

—teniendo en consideración las particularidades de sus respectivas *«carreras de seguro»* (de cotización, de residencia, de empleo...) en dos o más de las legislaciones en presencia, y de su *situación individual y familiar.*

El *resultado pretendido* con la coordinación consiste, así, en *conseguir, sin atentar contra las concepciones esenciales de las legislaciones coordinadas:*

—la eliminación de iodo obstáculo a la aplicación concurrente de todas o parte de ellas;

—la garantía de una protección completa y continua, en un *plano de igualdad efectiva*, a partir de una adecuada organización de las relaciones entre legislaciones y autoridades gestoras nacionales, y

—la exclusión, tanto de una doble e injustificada protección, como de una restricción o pérdida de posibles derechos derivada de la consideración independiente de las legislaciones concernidas.

a) El principio de igualdad de trato

Como anota PERRIN, la igualdad de trato constituye un derecho imprescriptible de los trabajadores migrantes en cuanto hombres y un principio fundamental de toda coordinación, puesto que actúa como «piedra angular» de los sistemas elaborados en esta materia.

En su identificación y aplicación se plantean, al menos, los siguientes tres órdenes de cuestiones: su *distinción del principio originario* —*y más restringido*—- de *«reciprocidad»* (o, lo que es lo mismo, su precisa caracterización técnica); *y la determinación de sus ámbitos subjetivo y objetivo* en el propio Reglamento (es decir, a quiénes afectan los beneficios de no discriminación y a qué ramas y regímenes de protección alcanzan tales beneficios).

1º Igualdad de trato y reciprocidad

La *reciprocidad* —fundamento inicial de las relaciones internacionales sobre la materia— es una *igualdad de trato limitada*; definida *«caso por caso y prestación por prestación»*. Por lo que su aplicación requiere, o que existan instituciones de protección *equivalentes* en las legislaciones coordinadas, o que los derechos de los migrantes en un Estado se reduzcan por comparación con los que la legislación de ese Estado otorga a los trabajadores nacionales, excluyendo aquellos beneficios que no prevé la legislación de su Estado de origen.

Como ya he anotado, la técnica de la *reciprocidad estricta* es la que consagra el *Derecho interno español*. El artículo 7 de la LGSS la admite en sus *dos versiones posibles: reciprocidad expresa* (o solemnemente declarada) *y reciprocidad tácita (o no declarada).*

Sin embargo, para el *legislador comunitario* es ésta una técnica demasiado *primaria y muy poco satisfactoria.* Su aplicación se torna a corto plazo —teniendo en cuenta el dinamismo reformador de todos los países en materia de Seguridad Social— en una *formulación dudosa y crecientemente restrictiva.*

Por el contrario, la *«igualdad de trato»* que consagra el Reglamento 1408/71 consiste en *«una concepción global de la reciprocidad,* que es apreciada, no ya en el nivel de cada rama considerada en particular, sino *para el conjunto de las ramas»,* Pero es que, además de referir la «asimilación» del extranjero al nacional en cuanto al conjunto de las instituciones de Seguridad Social, el principio de igualdad de trato —tal y como se aplica en el Reglamento 1408/71— lleva esa asimilación o indiscriminación de un modo automático a *las nuevas instituciones que puedan crearse en el futuro*; es decir, comporta una igualdad aplicable al conjunto de la Seguridad Social *«en su dinamismo».*

Ambas cualificaciones —plenitud y dinamismo— constan implícitas en el *artículo 3 del Reglamento* y en otros numerosos preceptos relacionados con su aplicación. De ellas deriva, en gran medida, la realización práctica de los objetivos superiores de indiscriminación y libre circulación.

Cabe aún añadir un tercer factor para identificar la noción europea de «igualdad de trato», por contraste con la internacional común. En efecto, el Derecho europeo admite la que se denomina como *discriminación inversa* para resolver, paradójicamente, las demandas de igualdad de trato que afectan a los migrantes. «Los Reglamentos —dice la sentencia de 5-VIII-1967, 1/67, asunto CIECHELSKI, del Tribunal de Luxemburgo— deben otorgar a los trabajadores emigrantes un trato más beneficioso que a las personas a las que sólo se aplican las leyes nacionales». La propia COMISION, en recurso de 7-III-1990 —asunto C-57/90—, JOC número C-92/18, de 11-IV-90, anota que «... el objeto pretendido por las normas comunitarias en materia de Seguridad Social es la protección del trabajador migrante; de ello se deriva la *admisibilidad,* en materia de libre circulación de personas, de las *discriminaciones a la inversa* frente a los nacionales que nunca se han desplazado».

El Reglamento 1612/86 extiende después el principio de igualdad a las instituciones de la Asistencia Social y a las demás «*ventajas sociales*» existentes.

2.º Extensión objetiva del principio de igualdad de trato

Sin embargo, es preciso subrayar el cúmulo de dificultades que para la aplicación plena del principio de igualdad se deriva de *dos circunstancias*: la sustancial *falta de armonía* de las legislaciones nacionales coordinadas y, sobre todo, la *movilidad* (constantes transformaciones incluso en temas estructurales básicos y de concepto) de tales legislaciones.

Tal imprecisión y desarmonía obligan al Reglamento *a definir las ramas y regímenes* de Seguridad Social a que afectan sus disposiciones. Obviamente, *de esa definición se derivan limitaciones posibles al principio de igualdad y, sobre todo, a otros principios; en particular, al de «exportabilidad» o pago de prestaciones en el extranjero*.

El *artículo 4* es decisivo en esta materia, ya que es en él donde se *consagra la no aplicación del Reglamento a determinadas manifestaciones de protección social que considera externas a la Seguridad Social*.

Pues bien, una descripción resumida de las normas reglamentarias en materia de ámbito objetivo conduce a las siguientes observaciones:

— El Reglamento 1408/71 afecta expresamente a todas y cada una de las «ramas» que, conforme a la definición del Convenio número 102 de la OIT, sobre «*normas mínimas*», constituyen el contenido mínimo de los sistemas de Seguridad Social (enfermedad y maternidad; invalidez, vejez y supervivencia; asistencia médica y farmacéutica; accidentes de trabajo y enfermedades profesionales; prestaciones por desempleo; prestaciones familiares; prestaciones por fallecimiento)

—El Reglamento afecta también a todos los «regímenes de Seguridad Social generales y especiales de *carácter contributivo* (es decir, *basados en el pago de cotizaciones* por parte de los propios interesados y sus empresas) *que administren todas o algunas de aquellas «ramas protectoras»*.

—Se aplica, asimismo, a los regímenes de *prestaciones «no contributivas»*, entendiendo por tales —a esos mismos efectos y siguiendo la doctrina sentada por el Tribunal de Justicia— los que *se financian con fondos públicos*, en los que *no se incluyen aportaciones directas por parte de los asegurados, y cuyas prestaciones, vinculadas a alguno de los «riesgos» o «ramas» de protección generales (las antes referidas), constituyen derechos exigibles.*

La pretensión jurisprudencial de determinar una noción genérica de «régimen no contributivo», en función de criterios comunes (de aplicación indiscriminada a cualesquiera legislaciones) ha supuesto problemas de interpretación adicionales y conflictos de aplicación continuos. De ahí que los órganos comunitarios responsables se hayan planteado y resuelto sobre la conveniencia de un Reglamento adicional al 1408/71, en el que los regímenes en cuestión se relacionan en una *lista aneja individualizada por países*, confeccionada a propuesta de los Gobiernos interesados. De hecho, y en lo que toca a España, el Anexo en cuestión subraya el carácter *inexportable*, respetando la igualdad de trato (inexportable para todos: nacionales y no nacionales) de estas prestaciones.

Este asunto debe considerarse con lo que más adelante se anota en relación con el Convenio Europeo de Seguridad Social, producido en el Seno del Consejo de Europa, vinculado en su aplicación con los Reglamentos de la Unión Europea, y que traía también de este tipo de prestaciones.

—La aplicabilidad del Reglamento se extiende, por otra parte, a los que la legislación española denomina *«regímenes exceptuados»*, generalmente administrados por entidades (montepíos o mutualidades) privadas.

«Para la jurisprudencia comunitaria lo importante es la función y no el vehículo formal utilizado; sí la función propia de un régimen básico de Seguridad Social se realiza mediante normas estatutarias establecidas por las instituciones privadas, esas normas forman parte del campo de aplicación de la regulación comunitaria» (RODRIGUEZ-PIÑERO).

—Sin embargo, los *regímenes profesionales o de empresa*, establecidos mediante convenio colectivo o reglamentos interiores, y cuyas prestaciones se adicionan a las de los regímenes legales o de base (regímenes «libres complementarios», en la terminología del ordenamiento español), están excluidos de las normas reglamentarias de coordinación. Su acelerado desarrollo nace de esta excepción de un *problema creciente*, ya que tales regímenes se responsabilizan de una parte nada despreciable de las rentas de sustitución de los trabajadores retirados en casi todos los países comunitarios.

—La coordinación comunitaria *excluye* expresamente de su ámbito a los *regímenes especiales de Seguridad Social para funcionarios* y personal asimilado. El Tribunal de Justicia ha matizado esa exclusión señalando que sí cabe considerarlos afectados cuando entran a la *coordinación legislativa internacional por vía de coordinación legislativa interna*.

Este puede ser precisamente el caso de los regímenes de Clases Pasivas, MUNPAL (hasta su reciente plena inclusión en el sistema de Seguridad Social) y otros regímenes legales españoles de previsión de funcionarios públicos, a la vista de las reglas de «*reconocimiento recíproco de cuotas*» entre tales regímenes y los constitutivos de la Seguridad Social institucional (es decir, la regulada por la Ley General de Seguridad Social).

Por otra parte, los *funcionarios incorporados por el Derecho interno en los regímenes de Seguridad Social Generales* (o de trabajadores por cuenta ajena) sí deben ser considerados parte del campo de aplicación personal del Reglamento 1408/71. Así lo entiende una reciente sentencia (de 24 de marzo de 1994; asunto C-71/43 - VAN POUCKE).

—El Reglamento, en fin, *excluye a los regímenes (o prestaciones) de asistencia social y médica* de su ámbito de aplicación.

Esta regla, para nosotros, significa pura y simplemente la exclusión de coordinación eurocomunitaria de las medidas de protección social debidas a la iniciativa de las Comunidades Autónomas y, en particular, de las denominadas «rentas de inserción» o «salarios sociales». También, por supuesto, a la Asistencia Social general (la aprobada en sede estatal) subsistente, o a sus nuevas y competencialmente discutibles manifestaciones.

3.º Extensión subjetiva del principio de igualdad de trato

El problema interpretativo radica aquí en los términos reglamentarios «*trabajador*» y persona «*asimilada*» a tal, que no son expresamente definidos por la legislación comunitaria.

Pues bien, tanto el. Tribunal de Justicia como la Comisión Administrativa han facilitado una serie de precisiones que permiten identificar el ámbito personal del Reglamento:

—Por *trabajador* se entiende a *todos los que bajo la denominación que sea se hallan incluidos en los diferentes sistemas nacionales de Seguridad Social*. Trabajador y asegurado social, sea por el título que sea, son, pues, términos sinónimos.

—A efectos de sometimiento a las disposiciones tutelares reglamentarias, *vale tanto estar como haber estado sujeto a la legislación de Seguridad Social de un Estado miembro*.

—Debe tratarse de personas que *posean la nacionalidad de alguno de los Estados miembros, o que sean apátridas o refugiados* — en los términos que unos y otros son definidos por las normas internacionales aplicables—, *y que residan en el territorio de uno de esos Estados*.

La condición de nacionalidad, empero, ha sido también relativizada por el Tribunal de Justicia. Así, debe acreditarse necesariamente durante el tiempo al que se refieren los «*períodos de seguro*» *alegados*, mas no necesariamente en el momento de la solicitud.

Además, se excluyen del requisito de nacionalidad los familiares del asegurado. Hoy se estudia la ampliación a todo asegurado, aunque sea originario de terceras partes, para las prestaciones sanitarias.

El requisito de la nacionalidad se aplica, en cualquier caso, con otras muchas y complicadas excepciones, resultantes de diversas normas internacionales: Acuerdo sobre Espacio Económico Europeo y países EFTA (con excepción de Suiza y Liechtenstein), Acuerdos de Asociación o Cooperación con terceros países (con

Marruecos, entre otros), Convenio entre la Unión y la ACP (Estados de América, Caribe y Pacífico), Convenios del Consejo de Europa, de la OIT y otros multilaterales de ámbito europeo (GONZALEZ SANCHO).

Asimismo, cabe considerar la extensión posible resultante de relaciones entre el Reglamento y los Convenios bilaterales sobre estas materias concertados por los Estados Miembros con terceros países, y sus repercusiones con respecto a los demás ciudadanos comunitarios (los no nacionales del Estado comunitario en cuestión.). (Del asunto tratan la Sentencia Rönfeldt y el caso Peschiutta) (GONZALEZ SANCHO).

—Es indiferente cuáles sean los motivos del desplazamiento del trabajador desde el territorio de un Estado al de otro u otros. Los Reglamentos se aplican por *cualquier desplazamiento* —incluso por los que no responden a causas profesionales—, lo que tiene particular interés en relación con las prestaciones en servicios (sobre todo las sanitarias).

—Por último, los Reglamentos se aplican también para determinar los derechos de la familia del trabajador y, en su caso, los de sus *supervivientes* y aunque en este último supuesto no se exige la condición de nacionalidad.

De todo lo anterior resulta claro que el requisito de la *nacionalidad comunitaria* —aparentemente fundamental— está seriamente *relativizado y comienza a desdibujarse*: primero, porque se aplica con *cinco importantes limitaciones*: apátridas, refugiados, excomunitarios, por razón de los períodos de seguro cumplidos mientras conservaban la nacionalidad de alguno de los 12 Estados miembros; familiares y supervivientes no comunitarios de trabajadores asegurados nacionales de alguno de los 12 Estados; no nacionales (ciudadanos de terceros Estados), con respecto a sus supervivientes comunitarios; no nacionales asimilados por normas bilaterales y análogas; y segundo, porque existe ya acuerdo —aplicable desde 1 de enero de 1994— para la mayoría de los nacionales de los *países de la EFTA* (Suecia, Noruega, Finlandia, Austria...), y porque, a más largo plazo, se pretende aplicarlo a *todo asegurado, con independencia de su nacionalidad* (existen ya algunas sentencias del Tribunal Europeo de Justicia que conducen hacia semejante pretensión).

b) Principio de territorialidad, en la determinación de la legislación aplicable

El segundo principio que interesa a la protección de los trabajadores migrantes en materia de Seguridad Social trata de garantizar en todos los casos su sujeción a una *legislación nacional determinada* y su amparo por esa misma legislación. Pero también que no quede excluido de afiliación y protección por *todas y cada una* de las legislaciones coordinadas.

Con ese fin, los Reglamentos contienen reglas relativas a la determinación de la legislación que debe ser aplicada, tanto para el caso general de que los trabajadores estén normalmente ocupados en el territorio de un solo país, como para las situaciones particulares de ciertas categorías especiales de trabajadores (por ejemplo, los trabajadores destacados en el extranjero, los trabajadores itinerantes que ejercen su actividad en el territorio de dos o más países o de los marineros)...

Estas reglas, que sirven para determinar la sujeción de los interesados a una sola legislación, están destinadas a evitar los *conflictos de leyes*, positivos o negativos, que puedan resultar de los principios y de las concepciones en que estas leyes se inspiran. En ausencia de reglas internacionales claras y precisas, divergencias de esta índole podrían conducir, llegado el caso, a la aplicación simultánea (concomitante) de dos o más legislaciones, lo que define el *conflicto positivo*, o bien la ausencia de toda legislación aplicable, lo que corresponde al *conflicto negativo*.

El principio de territorialidad comporta, pues, por lo común, y como fórmula más amplia, la aplicación de *una sola legislación* (tanto en cuanto a afiliación y pago de cuotas como en relación con la adquisición de prestaciones). No obstante, esa consecuencia admite, al menos, *dos excepciones*:

—En aquellos casos en los que la aplicación concurrente de legislaciones es la regla para el reconocimiento y cálculo del derecho a pensiones, y para la distribución entre Estados de su carga financiera (es el supuesto general de reconocimiento del derecho a pensiones conforme a la técnica de totalización de «períodos de seguro» —de cotización, de empleo, de residencia...—, para el reconocimiento y pago a prorrata de prestaciones).

—En los casos en los que la aplicación simultánea de dos legislaciones puede conducir a que éstos obtengan una protección social superior o más intensa mediante la acumulación de derechos independientes (esta segunda excepción se condiciona, no obstante, a que de su aplicación, no se derive un aumento de cargas para el propio trabajador o sus empresas que no se correspondan con el complemento de protección alcanzado).

En todo caso, se hacen necesarias reglas para evitar conflictos; esto es, para evitar estas consecuencias anormales, y ello en interés de los trabajadores migrantes, a fin de ahorrarles un cúmulo injustificado de obligaciones, asegurándoles, sin embargo, la protección de una legislación de Seguridad Social.

La aplicación del *principio de una sola legislación* (la regla común) se somete a una *regla general* y a diversas *reglas particulares*.

1.º Como *regla general* el criterio utilizado para determinar la legislación de Seguridad Social aplicable es el del *lugar donde se desempeña el trabajo*; de esta forma, los trabajadores quedan normalmente sometidos únicamente a la legislación del país en cuyo territorio están ocupados, cualquiera que sea el país en el que se encuentre el domicilio social de la empresa de que dependa, o aunque su propio domicilio personal corresponda, al territorio de otro Estado.

Conviene destacar que el principio de la aplicación del lugar de empleo se corresponde con el carácter generalmente territorial que se reconoce a la legislación de Seguridad Social (aplicación a personas residentes y a eventos ocurridos en el territorio de un determinado país). Sin embargo, el proceso de relativa desterritorialización de la Seguridad Social producido por la coordinación comunitaria supone, por un lado, que un sistema nacional tome en cuenta hechos producidos en el territorio de otro Estado comunitario y, por otro lado, que se apliquen sus efectos fuera del propio territorio nacional.

2.º Por otra parte, diversas *reglas particulares* han de ser dictadas para las *categorías especiales de trabajadores* migrantes a los cuales no pueden aplicarse las reglas generales. Estas reglas particulares varían según las condiciones de trabajo de las categorías afectadas. Baste mencionar a este respecto:

—El problema de los *trabajadores destacados o desplazados* a un país extranjero, los cuales permanecen sometidos a la legislación de su país de origen durante un período de tiempo determinado, en base precisamente al carácter temporal de su destino.

El Reglamento fija, no obstante, tres *condiciones* para que el trabajador desplazado mantenga su afiliación originaria; a saber: *permanencia de la relación laboral directa con su empresario inicial; temporalidad del desplazamiento*, ya que la duración previsible del trabajo no puede exceder de doce meses, aunque se permite excepcionalmente una derogación de ese límite (con un máximo, a su vez, de otro período de doce meses, pero que puede ser indefinida, si es temporal, según una Decisión Interpretativa de la CASSTM que contradice los términos literales del propio Reglamento); y que el trabajador destacado *no sea enviado a reemplazar a otro anterior* destacado tras agotar el período máximo de desplazamiento.

Con todo, la confusión en este punto ha dado paso a una *fórmula de hecho* que se basa en acuerdos expresos o tácitos de los Estados, que fijan libremente límites mayores que los reglamentarios o no fijan ninguno, exigiendo trato recíproco.

—El caso particular de los *trabajadores itinerantes*, que ejercen normalmente su actividad en el territorio de dos o más países (como, por ejemplo, los trabajadores de los *transportes internacionales* o ciertos *representantes de comercio*). El criterio establecido respecto de estos trabajadores itinerantes se funda en la aplicación de la legislación del país del lugar del *domicilio social de la empresa o, accesoriamente, el lugar de residencia de los interesados*.

—El caso de los *trabajadores del mar*, para los cuales se tiene en cuenta o el *pabellón de la nave o el lugar de su matriculación*.

—En relación con el *personal de la Administración Pública desplazado al extranjero* en cumplimiento de sus funciones (personal diplomático) se observa una *rigurosa extraterritorialidad*.

—Respecto de los *trabajadores empleados al servicio de un Estado en territorio de otro Estado* de modo permanente, ellos mismos *pueden decidir entre la aplicación de la ley territorial o la nacional*, ejercitando una *opción expresa*.

—Los trabajadores que *ejercen su actividad en el territorio de dos o más Estados miembros* se rigen por la *legislación del lugar de residencia del propio trabajador*.

3.° Existen también, por último, ciertas *reglas especiales para prestaciones determinadas* (por enfermedad, familiares...) *que exceptúan de aplicación a la legislación del país de empleo actual y determinan la aplicabilidad total o parcial de otra legislación (la de residencia del asegurado, la de residencia de los familiares que dan derecho a las prestaciones...).*

En resumen, cabe anotar que las modalidades reglamentarias de de-terminación de la legislación aplicable son complejas y diversas, pero el objetivo es claro: el de garantizar en todo caso la adecuada protección de los trabajadores migrantes, tanto en lo que concierne a sus obligaciones como a sus derechos; garantía que se rige generalmente por la preferencia del criterio de la territorialidad, con determinadas excepciones basadas en las características especiales de empleo o de residencia de ciertos colectivos, o en la especialidad de ciertas prestaciones.

c) *Principio de conservación de derechos adquiridos o de servicio de prestaciones en el extranjero*

La aplicación de este principio supone la *continuación en el disfrute de las prestaciones ya obtenidas, pese al traslado de residencia del beneficiario a territorio extranjero*. Por eso este principio se denomina, también, como «*principio de exportación de prestaciones*». (Se trata de una eventualidad que debe considerarse como normal entre los trabajadores migrantes, quienes no están definitivamente radicados en el Estado de inmigración y que propenden a regresar a su país de origen cuando su carrera profesional activa termina o se interrumpe: jubilación, invalidez, accidente de trabajo o enfermedad profesional...)

Por otra parte, *se orienta también a asegurar la conservación de los derechos de los familiares cuando no residan o cuando dejen de residir en el territorio del país deudor* (no sólo prestaciones de supervivencia, sino también en especie de *maternidad* y enfermedad, y prestaciones *familiares*). Conviene reiterar aquí la reciente anulación por el Tribunal de Justicia del artículo 73.2 (prestaciones familiares francesas por cargas de esta naturaleza a residentes fuera del territorio francés), ya que su efecto discriminatorio era un atentado directo contra los principios de conservación de derechos e igualdad de trato (asunto PINNA).

La «exportabilidad» de prestaciones tiene algunas *excepciones* y se aplica, a veces, con ciertas particularidades:

1.º Así, las prestaciones de *asistencia sanitaria* se exportan sólo con *autorización expresa*, nunca espontáneamente (o cuando existe *urgencia* vital), para el caso de quienes se desplazan con la pretensión de *continuar* con un tratamiento médico determinado [art. 22.1.a) del Reglamento 1408/71],

Nadie puede pretender *asistencia continuada* con cargo a su institución de afiliación durante una estancia temporal en el extranjero, salvo si ha *solicitado* esa concreta asistencia antes de la salida del territorio, y ésa le ha sido *expresamente concedida*.

En los demás casos (desplazamientos por vacaciones, por ejemplo i se conserva el derecho a la asistencia, y se obtiene su satisfacción de modo *inmediato* y sin formalidades previas. Así, la expedición del modelo administrativo correspondiente (formulario E-111) *no es imprescindible* para obtener la atención sanitaria oportuna; las reglas de coordinación prevén que la institución del país de estancia temporal se dirija a la aseguradora del Estado de procedencia para solicitarlo si el interesado no lo lleva consigo.

2.º Así, las prestaciones de desempleo se exportan, sea cual sea su duración (que depende de la legislación aplicable), por un período máximo de *tres meses*.

3.º Así, los *suplementos por mínimos de pensión* no son de exportación obligatoria, conforme al artículo 50 del Reglamento. Generalmente» son a cargo del país de residencia del pensionista, quien puede reducirlos, suspenderlos o suprimirlos considerando las pensiones extranjeras del mismo beneficiario y su cuantía.

Tales complementos, como también sucede en el caso de las pensiones no contributivas, suelen ser de hecho inexportables según los diversos ordenamientos internos de los países implicados. Esa característica es congruente con la naturaleza de sus caracteres, dada su configuración *asistencialista*, sus métodos de *financiación* y su *determinación técnica* (basada en los «costes de subsistencia» en el país que los concede).

4.º En fin, la no exportabilidad de las *prestaciones no contributivas* es ahora, de hecho, una práctica común; y para lo sucesivo, esa práctica puede tener, y la tiene ya según qué países, una consagración reglamentaria.

Finalmente, el principio de conservación de derechos tiene como con-secuencia el *servicio en el extranjero de las prestaciones correspondientes*: servicio que, en ocasiones, y por su complejidad aplicativa es tratado por la doctrina como un *principio independiente con sustantividad propia*. Su puesta en aplicación práctica, sobre todo cuando se refiere a *prestaciones no dinerarias o en servicios*, da lugar al juego intensivo del principio paralelo de colaboración administrativa, y a sus manifestaciones singulares de colaboración financiera y técnica.

d) *Principio de conservación de derechos en curso de adquisición*

La existencia de este principio responde a un *problema específico de la emigración* (aunque también tiene presencia limitada en el plano interno en relación con el cambio de trabajadores entre *regímenes complementarlos* diversos o entre regímenes de Seguridad Social internos e independientes).

El problema en cuestión consiste en que el derecho a las prestaciones no se obtiene en un momento, es decir, no depende de que la persona esté amparada por el régimen únicamente en la fecha crítica en que sobreviene la contingencia, Por el contrario, para adquirirlo hay que cumplir los *períodos de calificación prescritos (de cotización, de empleo o de residencia)* dentro de la jurisdicción de la respectiva legislación. Y estos períodos pueden ser relativamente breves para las prestaciones de corta duración, pero son *generalmente muy largos* para las pensiones.

Obviamente, sí no se formulan procedimientos de garantía el trabajador sufriría un *doble perjuicio* por esa causa:

— En primer lugar, al cambiar de país de empleo, de aseguramiento y cotización o de residencia, debería comenzar a *cumplir de nuevo los períodos de calificación* que abren el derecho a prestaciones a corto plazo, quedando entre tanto sin protección de ninguna parte.

— En segundo lugar, y por lo que respecta a las prestaciones a largo plazo (pensiones), generalmente sometidas a períodos de calificación muy amplios, podría darse el caso de que el emigrante *no alcance derecho a ellas en ningún país*, o que alcance el derecho pero en cuantía reducida, pese a que su «carrera de seguro», si bien repartida en períodos cortos de cotización entre dos o más países, haya sido suficientemente prolongada.

Pues bien, el principio sobre mantenimiento de los derechos en curso de adquisición se orienta a resolver esos problemas mediante la *reconstrucción de la unidad, de la «carrera de seguro» de los emigrantes*, a pesar de su afiliación y cotización sucesivas a diversas legislaciones.

Con esta finalidad, dispone que se tomen en cuenta todos los períodos útiles de calificación; a saber, los períodos de seguro (de actividad profesional o de residencia, según los casos) para el reconocimiento de los derechos y el cálculo de las prestaciones, de manera que se garanticen a los interesados beneficios análogos a los que podrían aspirar si hubieran realizado toda su carrera en un solo país.

La técnica empleada por el Reglamento 1408/71 para alcanzar ese objetivo es la denominada *«totalización de períodos de seguro»* (de cotización, de empleo o de residencia) y, en la mayoría de los casos —y, particularmente, en materia de pensiones—, comporta la aplicación sucesiva de la cláusula *«pro rata temporis»*.

El funcionamiento de la cláusula *«pro rata temporis»* es el siguiente:

1.º La *Institución competente* de cada uno de los Estados miembros obligados (países de ocupación anterior y de ocupación actual), determina *de acuerdo con su propia legislación*, si el asegurado tiene o no derecho a la prestación solicitada, teniendo en cuenta la *totalidad de los períodos* de cotización equivalentes cumplidos en los distintos países (carencia).

2.º Cuando el trabajador adquiera tal derecho, dicha Institución determina, la *cuantía teórica* de la prestación que correspondería al interesado sí los distintos períodos totalizados se hubiesen cumplido *exclusivamente (efectivamente) al amparo de su propia legislación* (pensión teórica).

3.º La cantidad resultante se divide después en *proporción a la duración de los períodos realmente cubiertos bajo dicha legislación por relación con la duración total de los períodos cumplidos bajo las diversas legislaciones aplicables* (pensión prorrata).

La fórmula de totalización de períodos de seguro está minuciosamente regulada, para los casos de *coincidencia en el tiempo* de períodos de seguros obligatorios y asimilados o voluntarios, y para el de los *acreditados simultáneamente* en mis de un país.

Por último, existen cláusulas en virtud de las cuales se acude a la técnica de «totalización» de períodos a efectos de conceder al emigrante la admisión al *seguro voluntario o facultativo continuado* en cualquiera de las legislaciones coordinadas, y para la concesión de prestaciones de corta duración con cargo a un solo país.

e) Principio de colaboración administrativa

El principio de colaboración administrativa aparece allí donde exista una reglamentación internacional de Seguridad Social. La importancia que la colaboración administrativa tiene en el Derecho internacional de la Seguridad Social ha inducido incluso a pensar que las relaciones internacionales de previsión se encuadran en el Derecho administrativo internacional, o, en una formulación aún más extrema, en el Derecho de coordinación administrativa internacional.

El principio de colaboración entre las Administraciones Públicas encargadas de la gestión de la Seguridad Social se sitúa en un plano de *Derecho internacional público*, en cuanto que se están contemplando vínculos internacionales entre entes públicos.

Las *manifestaciones* de este principio son la *ayuda* recíproca entre Es- lados, el *intercambio* de información, la *coordinación* financiera, la *igualdad de trato en materia fiscal* y la *colaboración técnica*.

1.º Según el Reglamento, la *ayuda recíproca* supone la colaboración de las Instituciones de las dos partes contratantes en la *aplicación de las normas ajenas como si fueran normas propias* o internas (se traduce en la expedición de informes médicos, control de vivencia y rentas pensionistas, verificación, de declaraciones y encuestas, etc.).

2.º El *intercambio de información* supone la comunicación mutua y constante entre los Estados de las medidas adoptadas para la aplicación del Reglamento, y de las modificaciones, de la legislación interna en relación con la materia regulada en aquéllos.

3.º La *coordinación financiera* se traduce en el *reembolso de gastos* por parte del organismo obligado al organismo pagador (reembolso de gastos por actos de asistencia técnica, tales como *reconocimientos médicos, dispensación de asistencia sanitaria, pago delegado de prestaciones, etc.*).

4.º La *igualdad de trato en materia* fiscal significa que las exenciones tributarias previstas en la legislación de una parte son valederas respecto de la aplicación, reglamentaria, beneficiándose de ellas las instituciones y los trabajadores de la otra parte (exención total o parcial de gravámenes de expedición de documentos, etc.).

5.º La *colaboración técnica* tiene lugar a través de la creación de *oficinas de enlace*, encargadas de la coordinación de las instituciones competentes de ambas partes en la aplicación del Reglamento.

Conviene advertir, para finalizar, sobre la existencia de un *órgano comunitario especializado* para resolver cuantas cuestiones y dificultades administrativas puedan plantearse en la aplicación del Reglamento, y promover el desarrollo del principio de colaboración entre instituciones gestoras. Se trata de la *Comisión Administrativa* para la Seguridad Social de los Trabajadores Migrantes. A tal fin, dispone de la ayuda de una *Comisión de Verificación de Cuentas*.

C) Técnicas aplicativas

Agotado el tema de los principios de ordenación, hemos de ver ahora, muy brevemente, las *reglas prácticas y las técnicas ideadas para su aplicación*.

Ese análisis ha de hacerse por *ramas de la protección* (tal es el grado de *especialización y singularidad* de esas reglas y técnicas).

a) Prestaciones por enfermedad y maternidad

Para el reconocimiento de las prestaciones por enfermedad y maternidad, tanto técnicas o de servicios como económicas, tienen que ser totalizados todos los períodos de cotización o de residencia que el asegurado acredite en todos los países miembros, *si ello fuera necesario*.

1.º Las prestaciones económicas se reconocen en *la cuantía y con la duración y en las condiciones* que señale la legislación nacional del país donde el beneficiario esté asegurado en el momento en que sobreviene la incapacidad para trabajar.

Ahora bien, el beneficiario puede disfrutar de dichas prestaciones en un país distinto al de su aseguramiento y al que ha reconocido el derecho.

Para determinar la *cuantía* de las prestaciones, sí se hace depender de los salarios del asegurado, *sólo se tendrán en cuenta* tos que haya obtenido en el país que reconoce el derecho.

2.º Por lo que respecta a las *prestaciones técnicas o de servicios por enfermedad o maternidad*, se reconocen tanto al asegurado como a sus familiares de acuerdo con lo previsto en la *legislación donde esté asegurado*. Pero no es irrelevante el lugar de residencia. En términos generales, tanto el asegurado como sus familiares tienen derecho a dichas prestaciones, aun cuando no se encuentren residiendo en el país que ha reconocido el derecho (sólo hay que cumplir algunos requisitos formales previos, a los que antes hice breve mención). Sin embargo, los desplazados temporalmente únicamente pueden pretender las *prestaciones de carácter inmediato*, en tanto que los residentes alcanzan toda la asistencia prevista en la legislación del país que la presta.

La *modalidad* de la prestación se rige por el país donde se preste.

Igualmente el Reglamento contiene reglas específicas que regulan el derecho a la asistencia sanitaria cuando se trata de *pensionistas*.

En síntesis, el pensionista, así como sus familiares, tiene derecho a asistencia sanitaria *independientemente de donde residan*.

El Reglamento imputa la obligación al *país de donde es pensionista*.

No obstante, si el beneficiario es *pensionista simultáneamente* de dos o más Estados Miembros, la obligación de reconocer la asistencia sanitaria recae sobre aquel en donde el asegurado resida.

b) Prestaciones por accidentes de trabajo

Tanto las prestaciones económicas como las de servicios, se reconocen en los términos y condiciones previstos en la *legislación del país donde estaba asegurado* el accidentado en el momento en que ocurrió el siniestro.

Sólo a este país le compete decidir si se trata de un accidente de trabajo y las prestaciones que de dicho reconocimiento se deriven.

Las prestaciones reconocidas pueden disfrutarlas en cualquier Estado Miembro, sin limitación de ningún tipo.

c) Prestaciones por enfermedades profesionales

El reconocimiento de las prestaciones derivadas de enfermedades profesionales discurre por los *mismos criterios* que los descritos anteriormente respecto de las derivadas de accidentes de trabajo.

Ahora, bien, como es fácil advertir, la *lista de enfermedades* catalogadas como enfermedades profesionales *no es unívoca* en todos los ordenamientos nacionales. No existe una única lista de enfermedades profesionales en todo el ámbito comunitario. Por otra parte, hay que tener en cuenta que algunas enfermedades profesionales *no se manifiestan* durante el período de tiempo en que el asegurado está ejerciendo una ocupación susceptible de producirla, sino que puede producirse con posterioridad. Estos son dos de los problemas que hacen que las reglas y fórmulas de imputación de responsabilidades entre los distintos países sean más y de mayor complejidad que cuando se trata de accidentes de trabajo.

Así, el Reglamento 1408/71 dispone que cuando la víctima de

una enfermedad profesional haya ejercido una actividad susceptible de provocar la enfermedad profesional en el territorio de dos o más Estados Miembros, no pueden pretender, ni él ni sus derechohabientes más que a las prestaciones previstas en la *legislación del último Estado Miembro* cuyas condiciones haya cumplido el interesado.

También contiene el Reglamento *reglas específicas* cuando, una ve: reconocidas las prestaciones sociales por un Estado Miembro, sobreviene una *agravación* de la enfermedad profesional:

1.º si el beneficiario *no ha ejercido posteriormente actividad alguna* en otro Estado distinto al que ha reconocido las prestaciones, el primer Estado asume la carga de las prestaciones teniendo en cuenta la agravación;

2.º si por el contrario, sí *ha ejercido una actividad susceptible de provocar una agravación* en un Estado distinto al que ha reconocido las prestaciones, éste sigue obligado a seguir abonando las prestaciones reconocidas sin tener en cuenta la agravación., sin embargo, el segundo Estado está obligado a reconocer un *suplemento*.

d) Prestaciones por invalidez

Coordinar este tipo de prestación es especialmente complicado, tanto más por cuanto en los países comunitarios existen dos tipos de legislaciones fundadas en principios totalmente diferentes: se trata, por una parte, de las legislaciones llamadas del tipo A, según las cuales el importe de las prestaciones de invalidez *es independiente de la duración de los períodos de cotización* y, por otra, de las legislaciones llamadas del tipo B, que consideran la invalidez como un estado de vejez prematura, subordinando la cuantía de las prestaciones a la duración de los períodos de cotización. Las *reglas de coordinación* establecidas en el Reglamento 1408/71 son las siguientes:

1.º Cuando durante su carrera de seguro el trabajador ha estado sometido *exclusivamente a las legislaciones de tipo A*, la institución en donde está asegurado en el momento en que sobrevino la incapacidad para el trabajo seguida de invalidez es la responsable de las prestaciones, las cuales serán determinadas en los términos y condiciones previstos en su legislación. No obstante, dicha, institución deberá tener en cuenta los períodos de cotización, y residencia que el asegurado acredite en otros Estados Miembros.

Ahora bien, si a pesar de la totalización de períodos el trabajador *no tiene derecho* a las prestaciones de la institución en donde está asegurado en la fecha en que se produce el hecho causante de la prestación, *la institución donde ha cotizado anteriormente* está obligada a comprobar y, en su caso, a reconocer, si tiene derecho según su legislación, previa totalización de períodos.

2.º Cuando los períodos de cotización o residencia cubiertos por el trabajador lo sean al menos a una legislación de *tipo B* (en donde la cuantía de la prestación dependa de los períodos cotizados), la fórmula para determinar el importe de la pensión de invalidez es igual que la establecida cuando se trata de *vejez o supervivencia*.

e) Prestaciones por vejez y supervivencia

El cálculo y liquidación de las pensiones de vejez y supervivencia se somete por el Reglamento 1408/71 (art 46) a la completa metodología siguiente: cada Estado miembro determina, en primer lugar, el derecho y la cuantía de la prestación según su propia *legislación interna* y sin tener en cuenta los períodos de cotización que el trabajador pueda acreditar en los demás Estados; valora después la pensión que se deduciría de la fórmula *pro rata témporis* (cálculo a partir de la totalización o acumulación de todos los períodos cotizados —o equivalentes— cumplidos en los diversos países); finalmente, reconoce, de ambas, la pensión más elevada.

Las pensiones de *orfandad* no se rigen por las normas reglamentarias referidas a pensiones, sino por las que regulan la *protección familiar*.

Dos cuestiones merecen consideración aparte en esta materia de pensiones. Las siguientes:

1.º Reglas particulares sobre acumulación de derechos

Una cuestión fundamental relativa a las normas de coordinación de las pensiones es la que se refiere a la *concurrencia* de éstas y a las reglas sobre su *reducción por razón de acumulación*.

El problema se plantea en la *interpretación sistemática de los artículos 12 y 46, número 3*, del Reglamento, y ha sido objeto de *numerosas sentencias* del Tribunal Europeo de Justicia.

El primero de esos dos artículos admite la *aplicación de las normas internas de no acumulación* cuando sus propias pensiones coincidan con otras, o con rentas de trabajo o de capital, obtenidas en otro país miembro; sin embargo, exceptúa de tal aplicación a las pensiones que coincidan con otras de la *misma naturaleza* de otro país.

El artículo 46, por su parte, establece un *límite comunitario* para las pensiones concurrentes, que sitúa en el *importe de la pensión autónoma más alta*.

En consonancia con este último precepto, los distintos países miembros comenzaron a aplicar la regla del artículo 46 *en todo caso*; tanto a sus pensiones autónomas (las concedidas por aplicación exclusiva de sus legislaciones internas), como a las derivadas de las reglas reglamentarias de totalización de períodos de seguro y reconocimiento de cuantías a *pro rata*.

La Sentencia 24/75 —asunto PETRONI— del TEJ vino a prohibir esa práctica, estableciendo la *inaplicabilidad de las normas comunitarias de no acumulación para dar lugar a la reducción de una pensión autónoma*. Según esta sentencia, la aplicación en estos términos del apartado 3 del artículo 46 del Reglamento 1408/71, es *incompatible con el artículo 51 del Tratado CEE*, puesto que supone una limitación —antes que una promoción— de la libre circulación de trabajadores, por cuanto restringe los derechos autónomos de estos adquiridos en virtud de las legislaciones nacionales. La coordinación, en suma, se convierte en limitación de derechos, antes que en garantía de éstos.

A la vista de la Sentencia PETRONI, las instituciones de algunos Estados miembros dejaron de aplicar el artículo 46.3, pero aplicaron en su lugar, *sin restricciones, y en todo caso*, las normas sobre no acumulación establecidas en sus respectivas legislaciones internas, pese a que la segunda frase del número 2 del artículo 12 del Reglamento 1408/71 lo prohíbe expresamente cuando se trata de la acumulación de pensiones *del mismo carácter o naturaleza*.

Como era de esperar, esta práctica dio paso a *nuevas sentencias del Tribunal*. De las sentencias MURA (asunto 22/77), GRECO (asunto 37/77) y COLLINI (asunto 323/86), resulta la *siguiente doctrina del TEJ* a este respecto (que expongo en esquema, asumiendo el riesgo que toda simplificación implica en temas tan complejos):

— Es perfectamente *compatible la aplicación de las normas nacionales de no acumulación con el Derecho comunitario*. Es más, corresponde en exclusiva a los legisladores nacionales la *competencia* para dictar normas sobre no acumulación.

— Sin embargo, es el *legislador comunitario* quien fi ja los *límites* dentro de los cuales pueden ser aplicadas las cláusulas nacionales de reducción por acumulación, cuando la concurrencia se da entre pensiones reconocidas por distintos países miembros. Y entre tales límites, ha de ser aplicado el que se recoge en el *artículo 12* sobre aplicación de las normas internas de no acumulación entre pensiones de la misma naturaleza o carácter. Y son tales, según el Tribunal, las que derivan de una *sola y única carrera de seguro* (es decir, las causadas por un mismo asegurado).

— En consecuencia las normas del *artículo 46.3* son aplicables sólo en todos aquellos casos en los que el importe de las prestaciones calculadas según la totalidad del citado artículo resulte más favorable para el trabajador que la que habría correspondido aplicando la legislación nacional autónomamente.

En línea con esa misma concepción del tema, el Reglamento 1248/92, de 30 de abril, ha venido a *simplificar* las cosas, suprimiendo el número 3 del artículo 46, y estableciendo un régimen de antiacumulación de derechos que puede resumirse del siguiente modo:

— Reglas de acumulación *comunes* son éstas: sólo es aplicable el régimen antiacumulativo cuando la legislación interna del Estado implicado *dispone* la toma, en consideración de las prestaciones y otros ingresos obtenidos en el extranjero (es de anotar, por lo que se refiere a España, que nuestra legislación no contempla tales ingresos salvo para la concesión de suplementos de mínimos); las reglas anticúmulo se aplican sobre los *importes brutos* de las prestaciones; se exceptúan de acumulación las prestaciones derivadas de un *seguro voluntario*;

— Las específicas para los casos de acumulación entre prestaciones de *la misma naturaleza* (las que disponen de un mismo causante, es decir, las derivadas de la «carrera de seguro» cumplida por una misma persona) operan según estas reglas: se exceptúan de sometimiento a las cláusulas reductoras las pensiones reconocidas y calculadas según *fórmula de «pro rata témporis»*; se exceptúan, asimismo, las prestaciones cuya cuantía es *independiente de la duración de los «períodos de seguro» o asimilados*, y las que dependen de la estimación de «períodos de seguro» *ficticios* o supuestos;

— Las reglas aplicables a la acumulación de prestaciones de *naturaleza diversa, o de concurrencia de otros ingresos*, son particularmente complejas; de ellas cabe retener las dos siguientes: la reducción de prestaciones se distribuye idealmente de manera igual entre las prestaciones acumuladas (es decir, cada una de ellas sólo se limita en la cuantía resultante de dividir la cantidad en exceso por el número de prestaciones en concurrencia; las prestaciones calculadas según, criterios de prorrata se reducirán aplicando esa misma fórmula de prorrateo (resultante de la diferente duración de las «carreras de seguro» en cada país).

2.º Reglas particulares sobre aplicabilidad de los Reglamentos a hechos causantes anteriores a la adhesión de cada Estado

Una segunda cuestión de suma importancia práctica es la relativa a la *aplicación del artículo 94 del Reglamento*, sobre *revisión de las pensiones basadas en hechos producidos* (jubilación, incapacidad, fallecimiento), *antes de la incorporación —de España en este caso— a la Unión Europea*, que como es sabido se produjo en enero de 1986. (Este artículo volverá a ser aplicable en su totalidad en la previsible inmediata ampliación de la Unión.)

Dicha posibilidad es del máximo interés para los emigrantes españoles que *cotizaron a la Seguridad Social francesa por trabajos realizados en Argelia antes del 19 de enero de 1965*, y a quienes *se denegó, en su día, el derecho a pensión* por el rechazo de las Autoridades francesas a dar validez a tales cotizaciones en la aplicación del derogado Convenio bilateral hispano-francés de Seguridad Social.

Conforme a dicho artículo 94:

— La revisión se basa en la aplicación del Reglamento a los citados hechos con carácter retroactivo (en consecuencia, un fallecimiento producido en los años setenta puede generar derecho a viudedad por aplicación del Reglamento).

— Sólo si las solicitudes de revisión se plantean *antes del término del plazo de los dos años siguientes a la adhesión*, los efectos favorables de la revisión (reconocimiento de los derechos denegados o de diferencias o suplementos de pensión) se aplicarán *desde la fecha misma de la adhesión (1-1-1986), y haciendo excepción al resolver de las normas sobre prescripción y caducidad de derechos* contenidas en la legislación interna.

— *Los derechos de revisión basados en solicitudes presentadas* después de los dos años de la adhesión (es decir, posteriores al 1 de enero de 1988) *se revisarán también*, pero con estas *limitaciones*: no se revisarán los que se hallan afectados por *caducidad o prescripción*; los derechos reconocidos *no tendrán retroactividad*, adquiriéndose o mejorándose sólo desde la fecha de la correspondiente petición.

La escasa información facilitada a los interesados en este punto puede estar impidiendo el acceso a los correspondientes derechos a un grupo muy numeroso de trabajadores migrantes. Se ha cifrado ese número en más de 100.000 (ÑUÑO RUBIO)

3.º Cálculo de la «base reguladora» de pensiones de los emigrantes

La determinación de la «base reguladora» (o de cálculo) de las pensiones por invalidez y vejez de los emigrantes que hayan cumplido los últimos ocho años de vida activa en el exterior, o parte de ese período, es uno de los problemas más complicados de cuantos plantea la interpretación y aplicación del Reglamento 1408/71.

El artículo 47, núm. 1, letra c), del Reglamento dispone su cálculo —el de la «base reguladora»— a partir de las *bases de cotización reales* del interesado durante los años inmediatamente anteriores al pago de su última cotización en España, sin prever actualización ni revisión alguna al alza de tales bases de cotización remotas.

Esa norma se incorporó al Reglamento con motivo de la adhesión española a la Unión Europea, y afecta únicamente a nuestro país; contiene las modalidades de aplicación internacional de nuestras leyes internas sobre la materia.

La norma en cuestión no se presta a muchas interpretaciones. Su significado *literal* es concluyente: el cálculo de la pensión española (o de su fracción) debe efectuarse «únicamente» sobre la «base de cotización media» (o promedio de bases de cotización) correspondiente a los períodos cotizados en España por el interesado. Confirma ese propósito deducido de la literalidad de la norma otra, incorporada al Reglamento también con motivo de la adhesión de España; en efecto, el artículo 23, apartado 1, del Reglamento dispone que «da institución competente de un Estado miembro cuya legislación prevea que el cálculo de las prestaciones en metálico se efectúe en función de unos ingresos medios o de una base de cotización media, determinará dichos ingresos o dicha base de cotización media *exclusivamente* en función de los ingresos comprobados o de las bases de cotización aplicadas durante los períodos cubiertos bajo dicha legislación».

Cabe concluir, en consecuencia, que si la Administración gestora española se limita a acudir, sin más, a las cotizaciones españolas reales del solicitante (por remotas que éstas sean con respecto a la fecha del hecho causante de las prestaciones), y hallar después su *promedio*, cumple rigurosamente la norma comunitaria y, derivadamente, la norma nacional aplicable, la cual es una norma de excepción definida por la influencia de la internacional.

Esa práctica administrativa, en fin, es coherente con el principio internacional de *equilibrio de la carga financiera* de las obligaciones de los Estados contratantes, y el de *sustitución de rentas de actividad* que ilustra el régimen de cálculo de las pensiones de la Seguridad Social española» Cabe entender que ambos principios condicionaron en su día los debates —y su resultado— para el establecimiento de los compromisos recíprocos de las Partes negociadoras de la adhesión de España a la Unión Europea.

Sin embargo, la anterior consideración del asunto conduce a la *discriminación negativa* de los emigrantes (y de los inmigrantes retornados a sus países de origen), cuyos derechos de pensión resultarían así invariablemente mínimos por comparación con los de los demás trabajadores no migrantes. Conviene recordar en este punto la doctrina del TEJ según la cual sólo caben discriminaciones positivas («a la inversa» o más favorables) en el trato comparativo de los trabajadores transfronterizos.

Esa doctrina permite dudar, a la vista de sus resultados, de la procedencia de aplicar una interpretación literal, estricta, contradictoria con la valoración sistemática del Reglamento y con sus fines, de la letra c) del núm. 1 del artículo 47 de éste.

Por otra parte, incorpora --el precepto en cuestión— una fórmula de cálculo de la «base reguladora» *manifiestamente des actualizada desde la perspectiva normativa interna*, ya que fue imaginada para aplicarse en consonancia con preceptos ya derogados (por la Ley 26/1985, de 31 de julio, refundida en este punto en los artículos 140 y 162 del Texto refundido de la Ley General de la Seguridad Social de 20 de junio de 1994). De esa desactualización resulta un doble efecto pernicioso: no se respetan, en primer lugar, los criterios legales sobre *selección de bases de cotización* (que deben corresponder a períodos próximos a la fecha del hecho causante de la prestación solicitada); ni se respetan tampoco los criterios legales de *revalorización* o puesta al día de los valores económicos de parte de tales bases para adaptar sus importes a la evolución del índice de precios al consumo.

Se desprecia, por tanto, un factor legislativo interno capital en la de-terminación del importe final de las pensiones: el de revalorización de los elementos que sirven para precisar sus bases de cálculo.

La inconveniencia —así como su efecto discriminatorio— de ambos efectos ha movido a los Tribunales, y a la propia Administración pública gestora, a buscar alternativas de *interpretación* a la simplemente literal del Reglamento.

En mi opinión, cabría elegir alguna de entre estas cuatro alternativas (dos de ellas aplicadas ya, aunque de modo contradictorio, por las Autoridades administrativas y por los Tribunales):

— Determinar la «base reguladora» cubriendo con los importes mensuales del *Salario Mínimo Interprofesional* las lagunas de cotización en España del emigrante en los ocho años inmediatos a la fecha del hecho causante (la totalidad o parte del período, según los casos), actualizando su importe en los términos que la LGSS señala (ver artículos 140 y 62, citados).

Sería ésta, probablemente, la fórmula más coherente con la norma internacional y la más respetuosa con la legalidad interna, aunque no fuera la más favorable para los emigrantes.

— Aplicar las reglas de Derecho interno que sirven para calcular las *pensiones de viudedad causadas por pensionistas* (artículo 7, núm. 2, del Decreto 1646/1972, de 23 de junio), las cuales obedecen a problemas semejantes al que aquí se plantea; esto es, al carácter remoto —y por tanto mínimo— de las bases de cotización del causante que, de otro modo, habrían de tomarse en cuenta. Según el número 2 del referido artículo 7, la base reguladora debe calcularse según las bases de cotización remotas del causante, sí bien la pensión resultante «... se incrementará con el importe de las mejoras o revalorizaciones que, para las prestaciones de igual naturaleza..., hayan tenido lugar desde la fecha del hecho causante de la pensión de la que se deriven» (o, lo que es lo mismo, desde las correspondientes a las bases de cotización conforme a las que fue calculada).

Esta segunda opción, evidentemente, sólo cabría aplicarla por razón de *analogía*, y una vez asumido que existe en el caso que aquí se considera una *laguna legal*, justificada por la inaplicabilidad sobrevenida —dado el cambio legislativo interno— del artículo 47.1, letra c), del Reglamento.

En mi opinión, esta alternativa no implicaría forzar las cosas en exceso, y resolvería todos los problemas de equidad y de indiscriminación.

— Calcular dicha «base reguladora» sobre la *base mínima de cotización*, en esos mismos ocho años inmediatos anteriores a la fecha del hecho causante, correspondiente a los trabajadores de la misma categoría profesional del causante antes de su salida del territorio español, debidamente actualizadas.

Es esta la fórmula aplicada preferentemente por el INSS y el ISM.

— Efectuar las estimaciones sobre la *media aritmética de las bases de cotización máxima y mínima* vigentes en España en esos mismos ocho años previos a la fecha del hecho causante para los trabajadores de la categoría profesional del causante, debidamente actualizadas.

Es la fórmula aplicada en sentencias recientes del Tribunal Supremo (de 25 de noviembre de 1992, recurso núm. 1252/9; de 15 de octubre de 1993, recurso núm. 963/93; de 25 de mayo de 1994, recurso núm. 633/93; de 4 de enero de 1994, recurso núm. 3802/92; y de 3 de mayo de 1994, recurso núm. 2988/93).

Estas dos últimas opciones son, con mucho, las más ventajosas para los interesados y, por lo mismo, las más distanciadas de la letra de la norma internacional aplicable. La segunda de ellas es la más progresiva, pero también la peor adaptada a la realidad sociológica que considera la citada norma internacional: la emigración española no está aún, contrariamente a lo que sucede con la de otros países comunitarios, profesional- mente cualificada. Esa circunstancia es el factor predominante en la decisión emigratoria; las dificultades para encontrar empleo en el interior se deben, en la mayoría de los casos, a la descalificación profesional de los emigrantes. La menor cualificación afecta, sobre todo, a la emigración de cierta permanencia, la más duradera. De ahí la probabilidad de que la opción de cálculo sobre cotizaciones mínimas se adapte mejor que la de cotizaciones medias a las bases de cotización reales de los interesados que contempla el artículo 47 del Reglamento.

f) Prestaciones por desempleo

Las prestaciones por desempleo sólo son reconocidas por el Estado en donde se produce la situación protegida.

La *cuantía y las condiciones* de la prestación son las que determine la legislación en virtud de la cual se reconoce, totalizando períodos de cotización de otro y otros Estados si es necesario.

Hay que señalar respecto a esta prestación que el Reglamento

148/71 establece *limitaciones importantes en cuanto a la exportación de tales prestaciones*, ya que éstas sólo pueden continuar percibiéndose después del traslado al territorio de otro país miembro, con el fin de buscar allí un empleo, durante un período máximo de tres meses (siempre que se cumplan ciertas formalidades, como la de inscripción para demanda de colocación).

g) Prestaciones familiares

Las prestaciones familiares, tal y como sucede con las prestaciones por desempleo, son las que más resistencia han encontrado en la articulación del Reglamento 1408/71 para que sea aceptada la exportación. Estas dificultades tienen su origen de *«la diferente concepción»* de la que parten los respectivos sistemas nacionales (complemento retributivo o prestación asistencial), su variado *alcance* (sólo trabajadores o a toda la población), su mayor o menor *cuantía* y su *distinta base ideológica* (preocupación natalista o no).

El verdadero problema se situaba en las prestaciones debidas por el país de empleo al emigrante con hijos a cargo que *permanecen residiendo* en el país de origen de aquél, o en otro país. Francia disponía, hasta la Sentencia PINNA, de una regla excepcional, que ahora ha sido suprimido. Revisiones reglamentarias posteriores a la sentencia han confirmado términos de ésta.

Se trata, en fin, de prestaciones que son sólo a cargo de un país, aun- cumplan los requisitos para obtenerlas en varios.

3. DERECHO ARMONIZADOR. MEDIDAS PARA SU TRANSPOSICIÓN AL DERECHO INTERNO

Las normas eurocomunitarias destinadas a producir la *convergencia* de las políticas de protección social de los países miembros de la Unión y, con ese fin, la *armonización* de las legislaciones respectivas, son muy tenores en volumen e importancia a las del Derecho de Coordinación.

Influyen en ello, al menos, tres factores:

— Se trata, en primer lugar, de normas que *no responde a una concepción sistemática y completa* del problema que abordan y de sus soluciones. Falta en ellas un gran diseño y sobra bricolaje. Son, en definitiva un conjunto de *medidas parciales*, cuya relación de temas, además, guarda remota vinculación con los *aspectos prioritarios* (los esenciales o los más urgentes) de la cuestión general que se plantean.

— Por otra parte, su formulación de esos temas —prioritarios o no— está sembrada de *lagunas y contradicciones*.

Las *lagunas* obedecen *al carácter gradualista o aplazado* de sus mandatos: las dificultades para lograr su aprobación unánime ha motivado, de una parte, el establecimiento en ellas —en las Directivas— de largos (y hasta indefinidos) *periodos transitorios* para su transposición al Derecho interior de los Estados; y, de otra parte, la excepción (o exclusión de armonización) de los *aspectos más polémicos* (los más difíciles, que es como decir los más importantes) de la materia en cada caso considerada.

Las *contradicciones*, por su parte, se deben a la diferente intención con la que, en cada momento histórico, se ha operado desde sede supranacional o comunitaria la *política armonizadora:* sea como medio de aproximar los costes sociales indirectos de las empresas para procurarles la libre competencia internacional; sea como instrumento para asegurar una política de protección social europea integrada y más progresiva; sea como fórmula para, más modestamente, propiciar unos mínimos de protección social comunes a todos los Estados.

— Por último, se trata de normas con una historia comunitaria *muy breve*. El Derecho europeo de armonización relativo a estas materias es un Derecho sin experiencia, cuya primera disposición data de 1978, no habiendo entrado en vigor hasta muy recientemente.

La vía armonizadora impuesta a los Estados mediante decisiones comunitarias (es decir, la vía de armonización no espontánea) es la que dispone de menores perspectivas de desarrollo en el ámbito europeo, al menos por el momento. La mejor prueba de ello es el carácter *no vinculante* asignado a la recientemente aprobada —sin el voto del Reino Unido— *Carta Comunitaria de Derechos Sociales Fundamentales de los Trabajadores*, pese a que fue inicialmente proyectada para, ser de cumplimiento obligatorio.

Es una vía cuyo fundamento jurídico se sitúa en el artículo 117 del Tratado de Roma, que declara como uno de los fines de la Comunidad el de instaurar «la igualdad en el progreso» para sus ciudadanos.

Su objetivo inmediato es el establecimiento de unos *mínimos comunes* de protección social garantizados en todo el territorio comunitario; y, con carácter secundario, el de facilitar la *coordinación* (supuesta su conveniente previa homogeneidad) de las legislaciones nacionales sobre la materia. El *Tratado de la Unión* contiene un Protocolo Social comprometido para todos los Estados miembros excepto el Reino Unido donde se contempla la *competencia comunitaria* en materia de Seguridad Social siempre que exista *unanimidad* entre todos los Estados con respecto a cada decisión que se adopte. (Con austeridad, la competencia estaba reservada a los Estudios, por lo que al legislador supranacional le cabía sólo la posibilidad de aprobar Recomendaciones y otros textos no vinculantes.)

El *instrumento* armonizador por excelencia son, como ya ha sido dicho, las Directivas aprobadas por el Consejo o por la Comisión.

Esa misma función armonizadora cumple también, con menos eficacia pero con más solemnidad, la antes citada *Carta de Derechos Sociales Fundamentales de los Trabajadores*.

Como texto de principios básicos que es, la Carta debería seguirse de la elaboración de Directivas capaces de concretar dichos derechos fundamentales. En ella se declara, entre otros, el derecho de todo trabajador a una *protección social adecuada* y a beneficiarse de prestaciones de Seguridad Social de un *nivel suficiente*, así como el derecho de las personas excluidas del mercado de trabajo y desprovistas de medios de subsistencia a beneficiarse de *prestaciones adaptadas a su situación personal*.

Es evidente que se trata —la mayoría— de objetivos *ya alcanzados espontáneamente* en el pasado por los diversos Estados miembros. De ahí que no quepa prever mucho desarrollo para la Carta; circunstancia que se agrava por el hecho de no ser vinculantes sus mandatos.

Si acaso —y no es poco— puede esperarse la aprobación de

Recomendaciones destinadas a promover la instauración de una renta social mínima garantizada en iodos los Estados miembros (o de sucedáneos de este concepto asistencialista, es decir, de «prestaciones y recursos sociales mínimos», para emplear los términos de la propia Carta).

Las escasas Directivas existentes, en fin, pueden ser distribuidas en dos grupos por razón de la materia: las relativas a garantizar la *igualdad* de trato de hombres y mujeres en los regímenes de Seguridad Social (que son las más numerosas); y las destinadas a la *garantía de los derechos* de esta naturaleza en determinadas circunstancias y en regímenes protectores concretos.

A) Directivas sobre igualdad de trato y grados de su transposición al Derecho interno español

Las Directivas CE sobre estos asuntos (las números 79/7, de 12 de diciembre de 1978 86/613, de 11 de diciembre de 1986, y 83/378, de 24 de julio del mismo año); están *severamente condicionadas* por su discutible planteamiento. Su orientación rígidamente formalista, el alcance limitado de sus mandatos y el contenido secundario (o no esencial) de todas ellas, las hacen *escasamente productivas* para impulsar el progreso de los derechos de Seguridad Social de las mujeres en el interior de los Estados miembros.

a) La Directiva 79/7, de 12-XII-1978, relativa a la aplicación progresiva del principio de igualdad de trato entre hombres y mujeres en materia de Seguridad Social

La Directiva 79/7/CEE es el *primer instrumento vinculante* utilizado en el ámbito comunitario para armonizar aspectos de Seguridad Social (*con anterioridad* sólo constan *estudios*, como el relativo a Regímenes Especiales, *dictámenes o recomendaciones*, como las referidas a Enfermedades Profesionales).

La *finalidad* de la Directiva es la de *poner fin, de modo progresivo, a cualquier discriminación directa o indirecta* basada en el sexo en los regímenes legales de protección contra los riesgos de: enfermedad; invalidez; vejez; accidentes de trabajo; enfermedades profesionales; desempleo; y también, en la legislación sobre «*ayuda social*», en la medida en la que sus disposiciones y sus prestaciones estén destinadas a *completar* los citados regímenes legales o, en su caso, a suplir esos regímenes legales.

Como puede verse, la Directiva *no alcanza lodo el ámbito objetivo* (a todo el cuadro completo de prestaciones) de los sistemas de Seguridad Social. Las *excepciones* son estas:

— las *prestaciones de supervivencia* (las de viudedad, las de orfandad y las que se reconocen por algunas legislaciones en favor de otros familiares); y

— las prestaciones de *protección a la familia* (tanto las establecidas en favor de los *hijos* como las reconocidas por *adultos a cargo*.

Junto a estas excepciones, la Directiva faculta también a los Estados para *excluir* de su ámbito de aplicación *determinadas prestaciones o determinados métodos o requisitos de atribución de prestaciones*. Las *exclusiones* son estas:

— la determinación de la *edad de jubilación* (o edad de acceso normal a la pensión de vejez);

— la concesión de *derechos a prestaciones de vejez e invalidez en razón de los derechos derivados de la esposa*;

— la *adquisición del derecho a prestaciones iras los períodos de interrupción del empleo debido a la educación de los hijos y otras ventajas otorgadas para la vejez a quienes hayan educado hijos*;

— los *incrementos de pensiones de invalidez o vejez, o los de pensiones derivadas de riesgos profesionales, por razón de esposa a cargo*, cuando se trate de suplementos por mínimos sólo.

Por su parte el artículo 2 de la Directiva precisa el campo de aplicación personal de ésta (su *ámbito subjetivo*). Dicho *ámbito subjetivo* es el siguiente:

— la *población activa* (incluidos los trabajadores *autónomos*);

— los trabajadores cuya actividad se vea interrumpida por *enfermedad*, por *accidente* o por *paro involuntario*, y

— los trabajadores *inválidos*.

Cabe *resumir así el contenido* de la Directiva:

1.º La ausencia de discriminaciones que instaura *no afecta a los denominados «regímenes profesionales» de Seguridad Social* (es decir, los regímenes libres de constitución voluntaria nacidos de la decisión unilateral de las empresas o de la negociación colectiva).

2.º La *indiscriminación en los «regímenes legales»* u obligatorios básicos es muy relativa, tanto en lo objetivo como en lo subjetivo. Puede decirse que *afecta sólo con alguna intensidad a las materias de*:

— *campo de aplicación* de los regímenes y *condiciones de acceso* o de afiliación a esos regímenes;

— obligaciones de *cotización y cálculo de las cuotas*; y

— *cálculo de las prestaciones* (incluidos los incrementos por cónyuge y por persona a cargo) y *condiciones para la conservación y duración del derecho* a esas prestaciones.

Resta por analizar la *incidencia de la Directiva 79/7/CEE en el ordenamiento jurídico español*.

Pues bien, la legislación española está perfectamente en orden y a salvo las cuestiones menores que luego se citan, y después de las reformas recientes que también se relacionan, con la Directiva 79/7, destinada a implantar la aplicación progresiva del principio de igualdad de trato entre hombres y mujeres en materia de Seguridad Social

Las reformas antidiscriminatorias habidas no siempre han obedecido a la presión del Derecho comunitario, sino a contundentes exigencias constitucionales. De ahí que alguna de ellas *rebase* con mucho los modestos límites igualitaristas de la Directiva y que, en ocasiones, su aparición no se deba a un acto normativo expreso, sino a alguna *sentencia* del Tribunal Constitucional.

Una *relación completa* de tales reformas es la siguiente:

1.º La sentencia del Tribunal Constitucional de 22 de noviembre de 1983 ha significado una *auténtica «reforma legislativa» en cuanto a la pensión de viudedad*, ya que no sólo modifica el número 1 del antiguo artículo 160 de la LGSS (en la actualidad en el artículo 174), que preveía unas condiciones particulares de acceso de las mujeres a ese beneficio, sino que deroga el número 2 del mismo artículo, relativo a viudos varones, disponiendo para ellos condiciones iguales que las exigidas a las viudas.

2.º Otra sentencia del mismo Tribunal, ésta de 18 de septiembre de 1989, incorpora el juego del mismo principio igualitarista en la aplicación de la legislación sobre viudedad del antiguo Seguro Obligatorio de Vejez e Invalidez, derogada en 1966 pero vigente aún en régimen transitorio.

Para el Tribunal Constitucional, el carácter de Derecho «extinguido» del Seguro Obligatorio de Vejez e Invalidez —«cristalizado» en sus propios términos y sólo aplicable en fase transitoria— no obsta a la necesidad de su acomodación, desde la fecha de vigencia de la Constitución, a los principios y valores constitucionales.

Estas dos sentencias sitúan al Derecho español muy por encima de la mayoría de los Ordenamientos de los demás Estados miembros de la CE.

El impulso reformador del Tribunal Constitucional se caracteriza por una irrefrenable *obsesión principalista*, con desprecio de las enseñanzas de la experiencia ajena. Es un hecho comprobado, en efecto, que también las Constituciones italiana, francesa, belga... imponen la igualdad de trato. Más aún, que todas las sociedades europeas desarrolladas repudian la tradicional discriminación social y familiar de la mujer. A esos países, en fin, les obliga, en los mismos términos que a España, la Directiva CE 79/7, Y, sin embargo, en casi todos ellos se mantienen aún diferencias en el acceso de los sexos a la pensión de viudedad.

En el panorama europeo se juzga que *el trato igual a los socialmente desiguales es un modo encubierto de discriminación*; juicio, por lo demás, repetido también, con motivos distintos al que ahora nos ocupa, por nuestro propio Tribunal Constitucional.

3.º El artículo 4.º de la Ley 26/1990, de 20 de diciembre, anula la exclusión de los familiares varones del asegurado para adquirir derecho a las *prestaciones por supervivencia* reguladas por el antiguo artículo 162 (ahora el. 176) de la LGSS (pensiones y subsidios temporales) en las mismas condiciones que las mujeres.

Una posterior sentencia del Tribunal Constitucional —la número 3/1993, de 14 de enero— «remacha» la inaplicabilidad del precepto por su contenido discriminatorio. Con una particularidad: la sentencia proclama dicha inaplicabilidad desde el 27 de diciembre de 1978, fecha de vigencia de la Constitución: es decir, quince años antes de la aprobación de la Ley 26/1990, de 20 de diciembre.

4.º La propia Ley 26/1990, de 20 de diciembre, varía el contenido del artículo 163, número 1 (ahora el 177), de la LGSS, para asegurar la igualdad de trato de hombres y mujeres en cuanto al derecho a *indemnizaciones a tanto alzado* previstas en los casos de fallecimiento de algún asegurado en accidente de trabajo o enfermedad profesional.

5.º El artículo 36 (ahora 55) de la LGSS prevé unas *prestaciones de asistencia socia*l (es decir, graciables) para los casos de separación de hecho matrimoniales, que sólo podían concederse a la esposa. Pues bien, es también la Ley 20/1990 la que anula esa discriminación, reconociendo la posibilidad de su otorgamiento a ambos cónyuges.

Hay que anotar inmediatamente que esa anulación es un puro *artificio técnico*, ya que las prestaciones a las que se refiere hace ya muchos años que no se conceden a nadie; la reiterada ausencia de consignaciones presupuestarias las ha hecho caer en desuso.

6.º Asimismo, la Ley 26/1990 altera la regulación discriminatoria contenida en el antiguo artículo 100, número 1, de la LGSS, en la que se determinan los *beneficiarios de asistencia sanitaria* en los casos de separación de hecho del matrimonio del asegurado causante. En su virtud, el derecho a asistencia sanitaria corresponde por igual a los esposos de trabajadoras o de mujeres pensionistas que a las esposas de causantes varones.

7.º El artículo 7, párrafo 2, de la LGSS excluía al *cónyuge del empresario* ocupado en un centro de trabajo de éste del campo de aplicación del sistema de Seguridad Social; en su virtud —y en calidad de «discriminación indirecta»— se excluía de protección social directa o por derecho propio a un número relativamente importante de mujeres. Pues bien, conforme a la Disposición Adicional Undécima de la Ley 5/1990, de 29 de junio, la citada exclusión puede ser evitada por cualquiera de los cónyuges, siempre que puedan probar su condición de trabajadores por cuenta ajena en el desempeño de la actividad excluida.

8.º La Orden de 15 de abril de 1969, que fija indemnizaciones por la producción en los asegurados de *lesiones permanentes no invalidantes derivadas de riesgo profesional*, precisaba importes indemnizatorios distintos para los trabajadores y las trabajadoras; importes que eran superiores para estas últimas (caso, por ejemplo, de deformaciones en la cabeza o en el rostro). Una orden posterior, ésta de 16 de enero de 1991, ha suprimido esas diferencias, resolviendo su contenido discriminatorio. Debo anotar que es ésta una de las pocas disposiciones que se declaran a sí mismas inspiradas en la Directiva comunitaria y orientadas al cumplimiento de sus mandatos.

9.º Una interesante medida de promoción de los derechos de Seguridad Social de la mujer, doblemente matizada por el principio antidiscriminatorio, se contiene en el artículo 3.º de la Ley 26/1990, de 20 de diciembre, que modifica el 167 (ahora es el 180) de la LGSS. En él se dispone «da *consideración, como períodos de cotización efectiva*, del primer año con reserva de puesto de trabajo del período de excedencia... para cuidado de cada hijo».

Su interés reside en tres datos: la frecuencia de su futura aplicación; el carácter indiscriminado de su formulación (que habla de cónyuges, y no de esposas); y sobre todo, su alcance material, y no sólo formal, respecto de la promoción de los derechos de Seguridad Social de la mujer.

10.º La Orden de 2 de octubre de 1985 ha resuelto las discriminaciones existentes en otra precedente (de 28 de diciembre de 1966) que preveía la preferencia del padre sobre la madre también asegurada para ser beneficiario del *subsidio de pago periódico por hijos*.

Conviene recordar aquí que la Directiva 79/7 no obliga a los Estados a corregir discriminaciones en esta materia de protección familiar.

Esa relación de medidas no ha solventado, sin embargo, todos los casos de discriminación preexistentes a la vigencia en España de la Directiva. Cabe junto a ella, en efecto, otra relación —más breve— de *discriminaciones pendientes de solución*; es la siguiente:

1.º La inclusión como asegurados autónomos de ciertos empresarios agrícolas se sujeta por el Decreto 3722/1972, de 23 de diciembre (artículo 5.º, párrafo 3), a ciertas limitaciones de las que se excluye a los *varones incapacitados* y a las *mujeres viudas o incapacitadas*.

La exigencia de requisitos de afiliación diferentes (equiparación de la viudedad en la mujer a la incapacidad en el hombre) es una clara discriminación. El hecho de su aplicación infrecuente no impide que, en el orden de los principios, la norma en cuestión deba ser revisada.

2.º En la legislación relativa al Régimen Especial de Seguridad Social de los Empleados de Hogar se detecta discriminación parecida. Aquí (art. 3 del Decreto 2346/1969, de 25 de septiembre), la exclusión de afiliación se establece por razón de parentesco, y afecta sólo a los *familiares varones de sacerdotes célibes* que convivan con ellos.

La discriminación ha sido reconocida como tal por los Tribunales, aunque no haya sido anulada. Así, el Tribunal Superior de Justicia de Andalucía, en sentencia de 30 de junio de 1990, aprecia en el precepto una regulación desigual en perjuicio de los varones.

3.º La Ley 26/1985, de 31 de julio, suprimió las antiguas *prestaciones periódicas por cónyuge a cargo*, constitutivas de una clara «discriminación indirecta». Sin embargo, y con posterioridad, se han instaurado los llamados *complementos de pensiones mínimas por cónyuge a cargo*, que significan una clara rehabilitación, aplicable ahora sólo a trabajadores retirados, de aquella misma desigualdad.

Que existe aquí discriminación es incuestionable; una «discriminación indirecta» de grandes proporciones dada su incidencia real. Pero, curiosamente, es una *desigualdad autorizada* por la Directiva CE 79/7, según y como ésta ha sido interpretada por el Tribunal de

Justicia Europeo.

Para el Tribunal, la aceptación de tales complementos se basa en que tratan de garantizar *una base «mínima de subsistencia» y no para una sola persona, sino para un conjunto o sociedad de personas.*

El argumento es más que discutible, lo mismo aplicado a trabajadores activos que a pensionistas; lo mismo a perceptores del salario mínimo que a los beneficiarios de pensiones mínimas. En ambos casos, porque suponen la incidencia masiva del complemento referido sobre las mujeres (característica definitoria de las «discriminaciones indirectas»), Pero, además, porque asignan la *titularidad del derecho* complementario, no a la mujer que lo justifica, sino a su cónyuge, que puede disponer de él libre y arbitrariamente.

4.º Algún autor incorpora a la lista de discriminaciones pendientes de solución la posibilidad existente de *jubilación anticipada* de las trabajadoras de ciertos sectores productivos (textil, madera y sidero). (Disposición Transitoria Primera de la Orden de 18 de enero de 1967) (TEJERINA). Es éste un beneficio de *carácter transitorio*, que prolonga, hasta su extinción por agotamiento de los casos, el Derecho anterior derogado por la LGSS.

Es precisamente esa pervivencia transitoria del beneficio referido la que, en mi opinión, aleja todo vestigio discriminatorio de la Orden que lo conserva. Primero, porque el principio de igualdad en materia de edad jubilatoria no sufre con la presencia de *excepciones objetivas de carácter circunstancial*; segundo, porque su excepción parcial temporal cede razonablemente ante el principio general de *conservación de derechos y expectativas firmes de derechos*, tan frecuentemente invocado en la regulación y aplicación del Derecho Social; y tercero, porque la referida norma transitoria *no es de obligatoria aplicación*, sino que se halla sometida a la opción de las interesadas.

b) Directiva 86/313, de 11 de diciembre de 1986, relativa a la igualdad de trato entre hombres y mujeres en materia de Seguridad Social que ejerzan una actividad autónoma, incluidas las actividades agrícolas, así como sobre protección de la maternidad

Sus normas tienen una *relación secundaria o marginal con los temas de Seguridad Social* (conviene recordar que la directiva 79/7/CEE abarcaba ya estas materias con detalle para los trabajadores autónomos). Fundamentalmente, sus aspectos vinculantes se dirigen a la supresión de discriminaciones en relación con la creación, la instalación o la de una empresa, o con el inicio o la extensión de cualquier forma de trabajo autónomo, incluidas las facilidades financieras.

En *materia estricta de Seguridad Social*, el compromiso para los Estados miembros se concreta en *procurar protección a los cónyuges de los trabajadores autónomos* en los siguientes términos:

1.º La Directiva atiende con carácter preferente los *supuestos de «empresa familiar»*, explotada a menudo por los dos cónyuges, siendo normalmente el marido quien aparece como cabeza oficial de aquélla, con todas las consecuencias jurídicas que ello implica, tanto en el terreno patrimonial como en el fiscal y en el social.

2.º Obliga a *extender las prestaciones sociales* a los cónyuges de los trabajadores autónomos, siempre que aquéllos *participen* en la actividad independiente de *modo habitual*.

3.º Esa obligación se establece con un carácter muy particular: el cónyuge en cuestión puede adherirse —no ha de estarlo con carácter obligatorio— sobre una *base voluntaria y contributiva*.

Esas tres notas hacen de la Directiva un *precepto tímido e incompleto*, del que resulta una protección del cónyuge *inferior a la del trabajador y, en todo caso, distinta*. Para rematar su carácter limitado, la Directiva concluye no estableciendo exigencias de identidad en cuanto al contenido de las prestaciones ni en cuanto a la variedad de esas prestaciones para ambos cónyuges.

Desde luego, el limitado alcance de la Directiva está cubierto por las prescripciones de la legislación interna española. En efecto:

— *Todos los Regímenes* de la Seguridad Social española que amparan a algún sector de los trabajadores autónomos (Agrario, del Mar, y el general de Trabajadores Independientes) *prevén la afiliación del cónyuge del profesional siempre que ejecute o colabore en la actividad de que se trate de forma habitual y mediante su ejercicio personal y directo.*

— La inclusión del cónyuge no es voluntaria, sino *obligatoria*, con lo que se aumentan las garantías para su protección social propia o individualizada.

— La inclusión en el régimen de que se trate de ambos cónyuges se efectúa, además, *en términos de igualdad de derechos y obligaciones de ambos*.

c) *Directiva 86/373, de 24 de julio de 1986, relativa a la aplicación del principio de igualdad de trato entre hombres y mujeres en los regímenes profesionales de Seguridad Social*

La transposición al ordenamiento español de la Directiva 86/378, sobre igualdad de trato en los regímenes profesionales de Seguridad Social es también completa, aunque cabe matizar tan contundente afirmación con *alguna reserva*, derivada de las dificultades de acceso a la multiplicidad de los regímenes de ese carácter existentes.

Es una Directiva que aspira a colmar una de las lagunas de la Directiva general discriminatoria —la 79/7—, cuyas prescripciones no alcanzan a los regímenes de previsión de *constitución voluntaria* (de ámbito de empresa, o nacidos de la negociación colectiva).

El *contenido* de nueva Directiva, y su *alcance*, son *muy semejantes a los de la Directiva 79/7*; semejanza, por lo demás, explicable, habida cuenta de la estrecha similitud que existe entre las prestaciones básicas y las complementarias libres (contingencias cubiertas, condiciones de atribución, etc.)

Su análisis detallado permite las siguientes *observaciones fundamentales:*

1.º Concibe a los regímenes profesionales como aquellos cuya finalidad es la de proporcionar a los trabajadores encuadrados en una empresa o en un grupo de empresas, de una rama industrial o de un sector profesional, prestaciones destinadas a *completar* la protección que a esas mismas personas conceden los regímenes legales u obligatorios, o a *sustituirlas*.

Esta última precisión —inadecuada conforme a la estructura

institucional de la Seguridad Social española (donde los Regímenes «sustitutorios» operan como fórmulas obligatorias legales, y no como previsión complementaria)— obliga a cumplir la Directiva a ciertas empresas (Telefónica, Banco de España...) o a ciertos Colegios Profesionales (como el de Abogados y su Mutualidad, por ejemplo).

2.º Define un *ámbito objetivo* para su aplicación (prestaciones afectadas por el principio de igualdad) *muy semejante al que afecta a la Directiva 79/7*.

Las pequeñas variaciones obedecen a la inclusión aquí de *beneficios singulares* otorgados o pactados, generalmente consistentes en pagos a tanto alzado, que no tienen paralelo en los regímenes de Seguridad Social obligatoria básica.

3.º Insiste en el *rechazo de las «discriminaciones indirectas»*, tal y como había hecho también —en su ámbito— la Directiva 79/7.

4.º Es interesante la *técnica utilizada* por la Directiva para asegurar la mayor precisión de sus mandatos: ésta es la de establecer en su articulado una *lista de medidas contrarias al principio de indiscriminación*. (Esa lista, para más garantía, es *abierta o no exhaustiva*.)

5.º *Empero, la lista admite alguna discriminación*: así, al considerar como rechazable o indiscriminatorio el «establecer niveles de prestaciones diferentes para las mujeres», exceptúa los que obedezcan a su *diferente coste* (sabido es que, habida cuenta de las *mayores expectativas* de vida de las mujeres, los sistemas de capitalización de pensiones se basan en *tablas y cálculos actuariales distintos* y más elevados que las que se aplican para determinar las pensiones de los hombres).

La *aparente lógica* de la excepción comentada tiene *algunos fallos*, que hacen discutible su consignación en la Directiva; de ahí que no haya sido aceptada tal discriminación por el Tribunal Europeo de Justicia (sentencia BARBER):

— El primero de esos fallos resulta del hecho de que las expectativas de vida de las mujeres se analizan estadísticamente —según la metodología actuarial aplicada—, con referencia a *toda la población femenina*. Siendo así que las mujeres trabajadoras son sólo una minoría de esa población, y que todo sugiere que sus expectativas de vida río se corresponden con el promedio total, el método aplicado es improcedente.

— El segundo fallo es también concluyente: las diferencias en las expectativas de vida de los hombres son notables según cuáles sean sus *ocupaciones profesionales*; sin embargo, esas diferencias *no suelen tenerse en cuenta* al calcular actuarialmente el coste de sus respectivas pensiones. Siendo esto así, resulta difícil admitir que las excepciones se apliquen y se admitan sólo para el caso de las mujeres.

Bien. Sea cual sea de ambas la posición más defendible, lo cierto es que resulta hoy por hoy imposible conocer con precisión el *grado de cumplimiento de la Directiva por parte de los regímenes profesionales (complementarios y sustitutorios) españoles*. El origen no legal, sino contractual de la mayoría de ellos, y la *ausencia de publicidad suficiente de sus estatutos y reglamentos*, impiden por el momento su debido control. En todo caso, sí conviene advertir que, *en su aspecto normativo* estricto (que es el que importa a la Directiva), se da un cumplimiento suficiente (al menos para la gran mayoría de los regímenes complementarios existentes), ya que el Estatuto de los Trabajadores —y la propia Constitución (art. 35)— *prohíben la producción de normas laborales discriminatorias, sean éstas legales o convencionales*.

Debo, no obstante, anotar una muy reciente sentencia del Tribunal Constitucional (la núm. 5/94, de 17 de enero, BOE del 17 de febrero) en la que se decide que «... la doctrina igualitaria *no alcanza por igual* a las prestaciones complementarias, asumidas voluntariamente, por entender que están regidas por las normas libremente aceptadas por los mutualistas». La conclusión, al menos a primera vista, parece conducir hacia el conflicto entre el Derecho europeo vigente en este punto y los Mandatos constitucionales; en tanto aquél impone sin reservas la igualdad, la Constitución española parece disponer que las prestaciones complementarias de carácter voluntario no están sometidas al principio de igualdad de los sexos.

Semejante doctrina no sólo pugna con el Derecho internacional aplicable (por lo demás, «constitucionalizado» en virtud del apartado 2 del artículo 10 de la propia Constitución). Se encara, además, con diversas prescripciones del Derecho interno; alguna de ellas de rango también constitucional. Así, y en primer lugar, desdice del principio de igualdad legal consagrado en el artículo 14 de la Constitución, y que resulta aplicable al caso por el *alcance normativo* de los Convenios colectivos, que son el principal instrumento de creación de los regímenes de previsión complementaria profesional. Tampoco casa bien —como ya he dicho— con el contenido del artículo 35 de la Constitución, en el que se prevé el imperio del principio de indiscriminación de los sexos en el ejercicio de la relación laboral, y de la que forman parte las medidas de «acción social». Se opone, en fin, al artículo 4, número 2, letra c) del Estatuto de los Trabajadores y concordantes, aprobado precisamente en cumplimiento del Mandato constitucional (expresamente indiscriminatorio, aunque de mucho más amplio contenido) del citado artículo 35.

B) **Directivas sobre garantía de derechos de Seguridad Social en determinadas circunstancias y en regímenes protectores concretos**

Debe hacerse mención aquí a tres Directivas, la primera, de las cuales es de la mayor trascendencia práctica.

a) Directiva 80/987, de 20-X-1980, sobre aproximación de las legislaciones de los Estados miembros relativas a la protección de los trabajadores asalariados en caso de insolvencia del empresario

El *contenido* de la Directiva en la materia concreta de Seguridad Social —tanto básica y legal como libre complementaria— puede resumirse del siguiente modo:

— La Directiva establece una única obligación para los Estados miembros: la de tomar las medidas oportunas-normativas o administrativas—, para evitar que los descubiertos de cotizaciones a los Regímenes de Seguridad Social de empresas insolventes puedan perjudicar el derecho a prestaciones de los trabajadores.

— La garantía alcanza a todas las cotizaciones devengadas «antes de sobrevenir la insolvencia», aun las remotas.

— No obstante, su consideración como garantizadas se condiciona a que la fracción de cuota del trabajador haya sido descontada a éste de so salario, aunque no haya sido después ingresada en la Seguridad Social (básica o complementaria).

— Los derechos garantizados son las pensiones de vejez y las de su-pervivencia, en cuanto derechos adquiridos o como derechos en curso de adquisición.

— Admite la Directiva la exclusión, a título excepcional y por decisión unilateral de cada Estado, de ciertas categorías de trabajadores asalariados, los cuales permanecerán sin garantías al respecto.

La exclusión, sin embargo, ha de fundarse necesariamente en uno de estos dos motivos: o la naturaleza especial de la relación de trabajo de esos trabajadores (España ha excluido por ese motivo a los empleados domésticos al servicio de una persona física); o porque dispongan ya de un régimen de garantías separado y suficiente.

— No resulta claro en la Directiva el grado de compromiso real de los respectivos Poderes públicos en la satisfacción de la garantía de las prestaciones de los regímenes profesionales o libres complementarios.

La ambigüedad de sus disposiciones a este respecto admite, en principio, cualquier solución: desde meras formulaciones de intervencionismo legislativo consistentes en imponer a tales regímenes determinadas obligaciones de eficacia (p. ej., aseguramiento o reaseguramiento obligatorios; constitución de entidades de compensación; etc.), hasta el establecimiento de *instituciones públicas de garantía* creadas al efecto (financiadas con fondos públicos y administradas por entidades de Derecho público).

En todo caso, el rigor que la Directiva impone en la eficacia de las medidas establecidas es tal, que difícilmente puede ser alcanzada con instituciones privadas: éstas no pueden en absoluto promover una garantía real o plena en todo caso y para cualquier circunstancia; la propia Directiva parece demandar «medidas administrativas», de directa administración pública consistente en actos de gestión asimismo públicos; la exigencia de que las instituciones de garantía que se constituyan estén financiadas total o parcialmente por los Poderes públicos es otro dato en favor de la gestión pública de esas instituciones; y, sobre todo, la necesidad — impuesta por la letra c) de su artículo 5— de que «da obligación de pago de tales instituciones de garantía haya de existir y mantenerse independientemente del cumplimiento (por quien corresponda) de las obligaciones de contribuir a su financiación», parece un compromiso de imposible conclusión en una relación contractual privada, sea o no de aseguramiento.

Esa es la razón de que, por lo general, los países miembros han recurrido a instituciones equivalentes a nuestro Fondo de Garantía Salarial para dar cumplimiento a la Directiva.

Veamos ahora cómo cumple la legislación española sus mandatos, distinguiendo entre las garantías establecidas en la Seguridad Social obligatoria y las que actúan en los regímenes profesionales libres:

1.º Las garantías existentes en los regímenes legales

Una larga serie de disposiciones determinan para las pensiones públicas, en su conjunto, un régimen de garantías suficientes, incluso global- mente superior (y únicamente limitado por dos datos muy concretos) al que la directiva impone. Así:

— Extiende la garantía a todas las prestaciones sin excepción constitutivas de la acción protectora del Sistema de Seguridad Social: de modo automático y pleno en los casos de accidentes de trabajo y enfermedades profesionales, en los de prestaciones sanitarias por enfermedad, accidente no laboral y maternidad, y en los de prestaciones económicas por desempleo; y de modo no automático (requiere la oportuna formalización del alta por parte del empresario: si ésta no se produjo en su momento no hay garantía de prestaciones) en las pensiones, en las prestaciones económicas por enfermedad y en las familiares.

— Extiende la protección no sólo en cuanto al reconocimiento del derecho a la prestación (consideración de los períodos en descubierto como períodos efectivamente cotizados a efectos de cobertura del requisito de «carencia»), sino también respecto de su cuantía (los citados períodos son influyentes en el «porcentaje» de pensión y, si existen medios para determinar las bases por las que debió cotizarse, para determinar la «base reguladora» o de cálculo de la pensión en cuestión).

— Extiende la garantía incluso a los períodos de cotización en descubierto respecto de los que no se haya efectuado descuento de cuotas a los trabajadores por parte del empresario, ampliando así los límites marcados por la Directiva que únicamente obliga a considerar aquellos en los que «las cotizaciones salariales se hayan descontado previamente de los salarios abonados».

— Extiende la garantía, en fin, a todas las categorías de trabajadores asalariados: directamente a los de la industria y los servicios, e indirectamente —es decir, por remisión de los preceptos del Régimen General a otros Regímenes— a los de agropecuarios y a los del mar.

Un único aspecto es más restrictivo en el ordenamiento y la práctica españoles que el de la Directiva; se trata de la exigencia de que se haya producido la notificación oportuna del alta (o iniciación de la relación laboral) a la Entidad Gestora. En su defecto, las prestaciones por enfermedad, invalidez y supervivencia derivadas de riesgo común, las pensiones de jubilación, y las de protección familiar, no están garantizadas contra la insolvencia del empresario responsable de su pago.

Sin embargo, cabe juzgar esa insuficiencia como no decisiva en cuanto al cumplimiento de la Directiva. Hay, al menos, dos razones de peso, con apoyo en la propia Directiva, para estimarlo así:

— En primer lugar, porque se compensa con los numerosos e importantes «excesos» de garantía antes enunciados (el art. 9 de la norma comunitaria admite, indirectamente, esas compensaciones, cuando prevé regímenes de garantía distintos a los que en ella misma se dispone, si bien sólo cuando sean constitutivos de fórmulas protectoras globales «más favorables» para los trabajadores).

— En segundo lugar, y principalmente, porque sólo la exigencia del requisito de alta puede evitar la absoluta indefensión frente al fraude en que, de otro modo, incurrirían las Entidades Gestoras (en este sentido, la condición de notificación de alta se ajusta con suficiente fidelidad a las previsiones del artículo 10 de la Directiva, según el cual los Estados están autorizados a «... adoptar las medidas necesarias con el fin de evitar abusos»).

2.º La inexistencia de garantías suficientes en los «regímenes profesionales» voluntarios

El análisis y valoración de las garantías existentes en el *Ordenamiento y la práctica administrativa españolas*, y su contraste con los caracteres hasta aquí descritos de la Directiva, permiten afirmar la *inadecuación esencial* entre ambos.

Ni las normas que rigen genéricamente las «prestaciones directas» de empresa, ni las relativas a prestaciones complementarias indirectas (o concertadas con una entidad aseguradora), ni tampoco las constituidas mediante fundaciones laborales, obras sociales o similares, disponen un régimen de garantías necesario como el pretendido. Puesto que nada se dice en ellas a este respecto, esa garantía especial no existe.

— Las *prestaciones «directas» de empresa* no suelen disponer de sistemas de garantía de las características exigidas por la Directiva en cuestión, ni la legislación que las regula impone la constitución de fórmulas de garantía semejantes. Los artículos 182 y 183 de la LGSS, que regulan sumariamente la modalidad de «mejora directa» de prestaciones de la empresa, no prevén otra garantía que la general establecida en el 2.º párrafo del primero de los artículos citados: «No obstante el carácter voluntario, para los empresarios, de la implantación de las mejoras a que este artículo se refiere, cuando al amparo de las mismas un trabajador haya causado el derecho a la mejora de una prestación periódica, ese derecho no podrá ser anulado o disminuido, si no es de acuerdo con las normas que regulan su reconocimiento».

Hay aquí, como puede fácilmente apreciarse, una mera garantía *nominal* (sin respaldo real), y sólo para los *derechos causados* (no para las expectativas de derechos).

— Por su parte, las *prestaciones complementarias «indirectas»* concertadas con una entidad aseguradora privada tampoco disponen de más garantías que las genéricas instituidas en la legislación sobre ordenación del seguro privado (reservas técnicas, margen de solvencia y fondos de garantía, control de inversiones...).

— Tampoco las prestaciones «indirectas» mediante la constitución de *fundaciones laborales, obras sociales o similares* disponen necesariamente, en virtud de imposición legislativa, de un régimen de garantías como el pretendido por la Directiva. En efecto, la constitución de regímenes de protección complementarios de esta naturaleza, a los que expresamente se refiere la LGSS, *no está limitada legalmente* por la necesidad de establecimiento de las referidas garantías.

— Cuestión distinta sucede con las prestaciones adicionales o complementarias de empresa *gestionadas por las propias instituciones de Seguridad Social*. Las denominadas «mejoras voluntarias por establecimiento de tipos de cotización adicionales», reguladas en los artículos 184 y siguientes de la LGSS gozan, en efecto, de *garantías idénticas a las establecidas para las prestaciones obligatorias de los regímenes legales* a las que complementan o mejoran. Así, el artículo 1.3 de la Orden Ministerial de 28 de diciembre de 1966 dispone que: «Las prestaciones correspondientes a las mejoras... tendrán los caracteres atribuidos a las prestaciones en el artículo 90 de la Ley General de la Seguridad Social (que son los de inembargabilidad, indisposición, en ciertos casos excepción de gravamen fiscal...), y una vez establecidas de acuerdo con lo que en la presente Orden se dispone, se entenderá que forman parte, a todos los efectos, de la acción protectora de la Seguridad Social.»

Pero esta última modalidad de regímenes profesionales complementarios está *muy poco difundida* en la práctica, de modo que son las demás enunciadas —que sí presentan problemas de ajuste con la Directiva— las que motivan el dictamen negativo global expresado con anterioridad.

No existe, pues, garantía para cada modalidad particular de regímenes. Tampoco la hay de carácter general o común a todas ellas. Esto último dispone incluso de confirmación internacional. En efecto, los *servicios técnicos de la COMISION de la Unión Europea* han dictaminado, en *Informe* de 12 de octubre de 1989, que tampoco el Fondo de Garantía Salarial resuelve aquellas carencias. «La legislación española —dice el Informe— *no protege* a los asalariados contra los riesgos que estos últimos pueden padecer en su derecho a prestaciones complementarias... Eso resulta claro a partir de una jurisprudencia inequívoca, según la cual el Fondo de Garantía Salarial no cubre en absoluto las prestaciones de esa naturaleza, lo mismo si se trata de derechos adquiridos como de derechos relativos o en curso de adquisición» (págs. 75 a 78).

La legislación española, en suma, no impone ni directa ni indirecta- mente a las partes interesadas (empresas, sindicatos en la negociación colectiva...) la obligación del establecimiento de garantías para la constitución voluntaria de regímenes complementarios de previsión, ni desde luego ha constituido ningún tipo de institución pública para llevarlas imperativamente a efecto (a diferencia, precisamente, con lo que se ha hecho en la materia salarial).

Es urgente, por lo tanto, dar una solución —sea ésta u otra— al incumplimiento actual de la Directiva, Como ha señalado el propio TEJ, hasta las Directivas pueden tener «efectos directos», que pueden ser solicitados en cualquier momento ante los Tribunales.

3.º Posibilidad y condiciones para la aplicación judicial del Derecho indirecto europeo

Pese a la complejidad de su sistema de fuentes, el Derecho europeo también impone a los Jueces y Tribunales de los Estados el *deber inexcusable de resolver en todo caso los asuntos de que conozcan* y que les hayan sido planteados a su amparo. Ese deber alcanza, sin matices apreciables, a los asuntos relacionados con sus normas «indirectas». Tal es el caso de las Directivas «incondicionales y suficientemente precisas» (sentencias del Tribunal Europeo de Justicia —TEJ— de 23-X-1977, 5-IV-1979, 6-V-1980 y 19-1-1982, entre otras), cuya *directa aplicación* procede en ausencia o defecto de la obligada norma de transposición interna. Se habla, entonces, de «*sustitución*» del Derecho nacional inexistente por los expresos mandatos de la Directiva, o de «trasvase» de tales Mandatos hacia la ley nacional incompleta o difusa (GALMOT-MORI- CHOT).

El *efecto directo* del Derecho europeo —incluido el de sus normas indirectas precisas e incondicionadas no transpuestas—, así como su *primacía* con respecto a los Derechos nacionales, es fruto del *carácter constitucional*, antes que propiamente internacional, del Tratado de Roma (MARTIN MATEOS). De ese carácter deriva también la *suficiencia e integridad* del ordenamiento jurídico comunitario, por cuanto motiva la capacidad de las instituciones europeas (Consejo,

Comisión, TEJ) para desarrollar e interpretar sus principios, creando *reglas de solución suficientes* para todas sus lagunas y oscuridades.

No se comprende fácilmente, por tanto, la afirmación de nuestro Tribunal Constitucional (sentencia 180/1993, de 31 de mayo), según la cual la no aplicación de las normas de Derecho comunitario europeo por los Tribunales nacionales, así como su posible negativa a plantear la correspondiente cuestión prejudicial ante el Tribunal Europeo de Justicia (TEJ) «... no suponen por sí mismas *actos lesivos del derecho a la tutela judicial efectiva*».

En este caso, la indefensión se produce de hecho con manifiesta contundencia; el particular afectado, a quien asiste el derecho de garantía, ve rechazada su petición y, en cierto modo, burlado su derecho. Tanto es así, que sólo le cabe —como después veremos por otras sentencias (esta vez del Tribunal Supremo y del propio TEJ)— la acción del *resarcimiento de daños y perjuicios*.

Así expresada, aquella doctrina podría crear serios problemas, sí se mantiene, de *responsabilidad* del Estado. Mejor habría sido recurrir a *fórmulas interpretativas* del propio Derecho interior, antes que admitir concluyentemente que el legislador nacional puede considerarse no obligado por el internacional, que carece de voluntad para cumplir fielmente sus compromisos en ese mismo orden internacional, y que la constatación judicial de esa conducta no genera consecuencias para los derechos de los particulares.

Aquellas características —directa aplicabilidad, integridad, suficiencia y prevalencia sobre los Derechos nacionales— son otras tantas garantías de eficacia del Derecho europeo; incluidas en él las Directivas, pese a su naturaleza de «normas indirectas». En efecto, el TEJ ha deducido del artículo 177 del Tratado de Roma el principio esencial de *invocabilidad de las Directivas ante el Juez nacional,* permitiéndole así el control de su correcta ejecución por los Estados: «... Corresponde a los órganos jurisdiccionales nacionales el asegurarse de que las autoridades nacionales han permanecido dentro de los límites de las facultades de apreciación que les concede la Directiva... Tras ese examen, algunas disposiciones de la legislación o reglamentación nacionales deberán, en su caso, *dejarse sin aplicación*» (GALMOT-MORICHOT) y ser «*sustituidas» por las disposiciones de la*

Directiva misma, cuando éstas sean incondicionales y suficientemente precisas.

Pues bien, vimos ya, con anterioridad, al considerar sus caracteres, que los mandatos de la Directiva eran decididamente precisos e incondicionados. La interpretación sobre el contenido y alcance de las obligaciones que impone a los Estados resultaba fácil, según aquel análisis, a la vista de su fundamento y fines expresos, del alcance objetivo y subjetivo de la garantía exigida, e incluso de las opciones sobre la forma y los medios para obtener su resultado.

La *variedad de formas y medios* que la Directiva ofrece no pueden interpretarse como prueba de ambigüedad. Ninguna Directiva, por principio, dispone de normas rígidas a este efecto; es más, lo frecuente es que ni considere estos temas, dejando en libertad a los Estados para decidir sobre ellos. Pero, como excepción, la Directiva 80/987/CEE sí prevé soluciones formales para ejecutar sus mandatos. Eso hace de ella una Directiva particularmente precisa.

Pero de todas esas numerosas posibilidades, la *fórmula de garantía primaria o preferente* (en el sentido de que sólo deja de aplicarse si media renuncia estatal a sus postulados) es la de los artículos 3 a 5 de la Directiva; esto es, la que consiste en el establecimiento de *«instituciones de garantía» específicas*, más o menos semejantes a nuestro Fondo de Garantía Salarial (FOGASA).

Lo que, en último extremo, está fuera de duda es que la posibilidad de renuncia estatal a la fórmula del Fondo de Garantía Salarial no equivale a la liberación del deber de garantía de los derechos complementarios de previsión. Estos deben asegurarse, al menos, en los términos del artículo 8. Por consiguiente, y salvo si media la creación efectiva de un tal método de garantía, o de otro alternativo y «más favorable», *no es posible admitir que tal renuncia exista de hecho*. Dicho en positivo: la inexistencia de renuncia expresa a la fórmula general, junto con la ausencia comprobada de alternativa satisfactoria, permitirían la opinión del sometimiento del Estado miembro considerado a la citada fórmula de garantía *general*; máxime, si en ese Estado existen «instituciones de garantía» de los demás créditos laborales y asimilados conformes con los artículos 3 a 5 de la Directiva o Fondo de Garantía Salarial. Cualquier otra solución equivaldría a «la posibilidad de permitir a ese Estado prevalerse de su propia falta» (WAGNER); y, en último caso, sería tanto como admitir la ineficacia del Derecho europeo, haciendo de él un ordenamiento jurídico imperfecto.

La conclusión procedente se afirma aún más en su incidencia sobre aquellos Estados coya legislación laboral configura, a la Seguridad Social complementaria como modalidad salarial de entrega diferida o pospuesta («*salario diferido*»). En tales supuestos, de los que participa la legislación española, es obvia la procedencia de cargar con el aseguramiento de los correspondientes derechos a los Fondos de Garantía Salarial o institutos equivalentes creados para dar cumplimiento a los artículos 3 a 5 de la Directiva. El alcance funcional de esas instituciones, en efecto, es plenamente congruente con la naturaleza del objeto que ha de ser garantizado. Tal es, en fin, la razón probable de que —como lie dicho— un gran número de Estados (Bélgica, Dinamarca, Luxemburgo, Países Bajos, Gran Bretaña y, en general, todos cuantos disponen de una Seguridad Social complementaria desarrollada) *hayan renunciado a la opción del artículo 6*, acogiéndose al método —más sencillo y completo— de extender también a estos derechos la función de garantía global que cumplen las instituciones constituidas en virtud de los artículos 3 a 5 referidos.

En resumen, existe una variedad de forma y medios autorizados para dar cumplimiento a la Directiva, ninguno de los cuales presenta dificultades mayores para su comprensión. Cualquiera de ellos dispone de validez suficiente, y ninguno está condicionado por circunstancias de tiempo, lugar u otras análogas. Más aún, hay un procedimiento general, que podría ser interpretado como de *opción tácita* en ausencia de opción expresa en favor de cualquiera de las demás alternativas, que permite desatender cualquier pretexto de obscuridad en la Directiva.

4.º La elección del método de aplicación inmediata de la Directiva 80/978/CEE

En esas circunstancias, la intervención de los Tribunales constituye el único recurso para evitar la *pérdida de derechos* de previsión social complementaria; unos derechos —como hemos visto— de influencia decisiva y creciente en la composición de los medios materiales de vida de los trabajadores retirados.

Parece incontestable a primera vista que cualquier reclamación judicial de esos derechos fundada en la ausencia de garantías suficientes debe proponer al juez nacional que acuda a la *técnica de «sustitución»* del Derecho nacional por las disposiciones de la Directiva. Comprobado en cada caso el defecto e insuficiencia de las garantías ordinarias, el recurso a la internacional extraordinaria puede permitir al juez una decisión muy precisa acerca del *título jurídico* de la pretensión planteada, el *sujeto responsable* de satisfacerla y el contenido de la correspondiente obligación.

Por consiguiente, la técnica de «sustitución» se muestra como la más respetuosa con el *criterio de integración* del Derecho europeo en el nacional y, por otra parte, como la más eficaz para producir una *solución automática* (nada creativa y, sin embargo, precisa y completa) para el conflicto planteado.

La existencia en nuestro país del *Fondo de Garantía Salarial* (FO-GASA), constituido a imagen del *modelo de garantía pública* que definen los artículos 3 a 5 de la Directiva, y mediante el que se atienden los demás compromisos (salariales, en concreto) que en ella se contemplan, permite todas esas facilidades. En efecto, hace posible el juego de la que antes he llamado *opción tácita* del legislador nacional en favor de la fórmula europea *preferente* de garantía; esto es, la fórmula que consiste en la dotación de un fondo específico, nutrido con recursos públicos y administrado por una institución asimismo pública.

La decisión judicial, en este caso, sería el resultado de una *triple presunción*: la presunción de *voluntad de cumplimiento* de la Directiva por parte del legislador interior; la presunción de que su silencio equivale a una *renuncia a las alternativas* de regulación de la materia que la propia Directiva autoriza con respecto a esa fórmula preferente; y la presunción de que, precisamente por su carácter preferente, la fórmula en cuestión admite su *aplicación completa* (combinada o compartida) para todos los elementos, salariales y no salariales, que deben ser garantizados.

Desatender la primera de esas tres presunciones sería insensato: la in-corporación a la Unión Europea prejuzga la voluntad estatal de atender las obligaciones y procurar los beneficios que de ello se derivan. Además, diversas sentencias del Tribunal de Luxemburgo ordenan a los jueces de los Estados presumir esa voluntad.

La segunda —la que apela al silencio normativo interior en calidad de renuncia a una regulación propia y distinta a la propuesta con carácter preferente por la Directiva— es *trasunto o derivación necesaria* de la primera presunción. Sin ella, se haría preciso concluir en el defecto de voluntad para transponer la Directiva, en la rebeldía del legislador español ante los mandatos del comunitario.

La tercera presunción, en fin, tiene expreso fundamento en el artículo 6 de la misma Directiva, que considera al FOGASA (o institución nacional alternativa) susceptible de satisfacer también la garantía necesaria para los regímenes profesionales complementarios de previsión.

El método alternativo de «*trasvasar*» al Derecho español los objetivos de la Directiva conduciría al mismo resultado, pero presenta algunas dificultades prácticas. De un modo u otro habría de conducir también al señalamiento de responsabilidades en el FOGASA, en cuanto institución estatal constituida precisamente para satisfacer los derechos contractuales de los trabajadores en caso de insolvencia empresarial, Pero aquí los términos concretos de intervención del FONDO quedarían mucho más diluidos y confusos. Requerirían su concreción judicial, al no presumirse la existencia de una *transposición automática y completa* de los contenidos metodológico y medial (o instrumental) de la Directiva.

Este segundo método, en efecto, podría obligar al juez a «*construir*» en su sentencia algunos detalles sobre las obligaciones de las empresas, y del propio Estado, con el FOGASA; a crear, quizá, *regulaciones «normativas»* donde se aprecie clara la «pereza» del legislador interior.

En cualquier caso, y como ya he dicho, los resultados a los que conducen una y otra técnicas son, en lo esencial, los mismos; a saber; el señalamiento del FOGASA *como responsable* de la Garantía (y, por tanto, como sujeto a demandar por el trabajador afectado), y la competencia de la *Jurisdicción del Orden Social* para resolver el pleito (y, por consiguiente, ante la que debe plantearse la demanda).

Sin embargo, los pronunciamientos del Tribunal Supremo sobre irresponsabilidad del Fondo de Garantía Salarial, en materia de garantía de derechos de los trabajadores no expresamente citados en las leyes internas (sentencias de 14 de noviembre de 1983 y 23 de junio de 1986, entre otras) desaconsejan, por simples razones prácticas, acogerse a los expresados métodos de «*sustitución*» y «*trasvase*».

En el mismo sentido negativo interviene la sentencia 180/1993, del Tribunal Constitucional, antes comentada.

De ahí el interés de una *tercera vía* abierta por el Tribunal de Justicia de las Comunidades Europeas en reciente sentencia de 28 de diciembre de 1993, relativa a otra cuestión; la de las garantías salariales de los altos cargos de las empresas.

Parte el Tribunal Europeo de la constatación de que el Fondo de Garantía Salarial español tiene un régimen jurídico específico que no considera para nada las prestaciones de previsión social complementaria. El contenido y límites de ese régimen jurídico *deben ser respetados* en cualquier caso por los jueces y Tribunales, que no pueden imputarle —dice el TEJ— responsabilidades distintas de las que resultan de la legislación española aplicable al caso.

Procede entonces —según concluye el Tribunal— reconocer «...el derecho (de los particulares) a solicitar al Estado... la *indemnización de los perjuicios* sufridos como consecuencia del incumplimiento de la Directiva»,

En ese mismo sentido consta el pronunciamiento del Tribunal Superior de Justicia de Madrid (Sala de lo Social) en sentencia de 13 de mayo de 1992, relativa a la *irresponsabilidad del Fondo de Garantía* de las deudas salariales del personal de alta dirección: «... no debe repercutir sobre el Fondo —dice la sentencia— dada su *organización autónoma, su funcionamiento propio y su financiación plural*...» el incumplimiento por el Estado de sus obligaciones internacionales.

La fórmula en cuestión desdice de la vieja doctrina del Tribunal por la que «... todo órgano jurisdiccional nacional *debe presumir* que el Estado ha tenido intención de cumplir las obligaciones derivadas de la Directiva» (sentencia de 13 de noviembre de 1990). Pero, sin embargo, resuelve también el *problema de fondo* planteado: el de ausencia real de esa voluntad, y el de compensación de sus consecuencias. En cierto modo, equivale a la fórmula de «sustitución», aunque sin determinar la intervención inmediata del FOGASA. No hay aquí opción tácita por la fórmula que el FOGASA representa, puesto que se da el reconocimiento de que el legislador interno ha incumplido de plano con sus obligaciones internacionales. Pero, sin embargo, lo que hay es la valoración de esa obligación internacional incumplida como contenido de la legislación interna, en la que además se precisan los términos y el procedimiento del resarcimiento correspondiente de daños. El Estado es responsable ante los particulares, y no ante la Organización Supranacional de la que la Directiva procede: Aquéllos «... no tienen derecho a solicitar (al FOGASA) sus créditos (por prestaciones de previsión complementaria)... pero sí al Estado... la indemnización» por la ausencia de aquel derecho.

Las consecuencias de esta tercera vía sugieren que no es ya el FOGASA, sino *otra institución u órgano estatal* el que debe ser demandado, y que no procede la intervención de la Jurisdicción del Orden Social, sino la de la *Contencioso-Administrativa*.

No es fácil prever contra quién debe, en esta hipótesis, plantearse la demanda. El Poder legislativo es, por omisión, quien aparece como incumplidor inmediato. Sin embargo, podría inculparse al Ministerio de Trabajo y Seguridad Social, e incluso a la Presidencia del Gobierno. Para este fin, serviría el artículo 129 de la parcialmente derogada Ley de Procedimiento Administrativo, ya que en él se prevé la responsabilidad por *defecto en los estudios e informes de legalidad y oportunidad* que deben acompañar y motivar la proposición al legislativo de normas de carácter general.

b) Referencia a otras Directivas directa o indirectamente relacionadas con la Seguridad Social

No hay muchos más instrumentos o actos normativos comunitarios referidos a la Seguridad Social. Únicamente, algún aspecto parcial de la Directiva del Consejo de 14 de febrero de 1937, sobre armonización de las legislaciones de los Estados miembros relativas al mantenimiento de los derechos de los trabajadores en los casos de transferencias de empresas o de parte de empresas.

La Directiva impone la subrogación en los derechos y obligaciones que resulten del contrato y, aunque no menciona entre tales derechos y obligaciones los referidos a Seguridad Social, hay que entenderlos necesariamente incluidos en la norma. Máxime, teniendo en cuenta que ésta excluye expresamente de su ámbito de aplicación a las pensiones de los regímenes profesionales o complementarios, lo que permite entender que, a falta de exclusión semejante, sí están incluidos los regímenes legales de pensiones.

Pues bien, el artículo 44 del Estatuto de los Trabajadores supone una satisfactoria transposición al Derecho español del mandato de la Directiva.

Por otra parte, la Ley General de la Seguridad Social prevé normas expresas para estos casos en orden a la responsabilidad por prestaciones y, separadamente, en orden a la responsabilidad por cotizaciones.

Respecto de las primeras —las prestaciones— la Ley determina que el adquirente responderá solidariamente con el anterior empresario o con sus herederos del pago de las causadas antes de la sucesión.

En lo relativo a los débitos por cuotas, es una Orden Ministerial de 28 de diciembre de 1966 la que establece idéntica regla: la responsabilidad solidaria empresario cedente y empresario sucesor.

En conclusión, procede retener que, en la hora presente, el Derecho armonizador dispone del alcance siguiente:

1.º Impone a los legisladores nacionales el deber de indiscriminación (sea positiva o negativa; sea directa o indirecta.) en el trato de hombres y mujeres en materia de Seguridad Social.

La obligación se extiende a todas las prestaciones, con excepción de las de supervivencia, las de protección a la familia y la edad de jubilación.

En el aspecto subjetivo, su extensión alcanza a la población activa (incluidos los trabajadores autónomos), y a los denominados regímenes profesionales.

2.º Impone a los Estados miembros el deber de adoptar las medidas legislativas y administrativas oportunas para evitar que los descubiertos de cotizaciones (impago de cuotas) a los regímenes de Seguridad Social por parte de empresas insolventes puedan perjudicar el derecho a prestaciones de los trabajadores.

Esta segunda obligación alcanza a todos los asegurados asalariados, y se extiende tanto a los regímenes legales y obligatorios como a los voluntarios o profesionales complementarios.

3.º Impone, por último, a los legisladores nacionales, el deber de mantenimiento de los derechos de los trabajadores (los derechos de Seguridad Social incluidos) en los casos de transferencia, de empresas o de parte de empresas, mediante la técnica de la subrogación de la nueva empresa en los deberes contraídos al respecto por la empresa precedente.

El ordenamiento jurídico español, en fin, cumple satisfactoriamente con todas esas Directivas, salvo en un aspecto: el relativo a la garantía de derechos en los regímenes profesionales (fondo de pensiones y otros) en los casos de insolvencia empresarial.

Sin duda, procede ampliar los cometidos del Fondo de Garantía Salarial, salvando así ese incumplimiento y evitando que pueda prosperar cualquier denuncia ante el Tribunal Europeo de Justicia.

IV. CONVENIOS INTERNACIONALES BILATERALES Y MULTILATERALES

Para finalizar, resta una *referencia* sobre la Seguridad Social derivada de los acuerdos de *alcance bilateral o multilateral extracomunitario*.

Su tratamiento habrá de ser general porque *ni es original, ni tiene una gran incidencia práctica*.

Los Convenios bilaterales *de aplicación más frecuente* son los concertados con *algunos países iberoamericanos*, pero tropiezan con tales *dificultades prácticas* que en muchos casos terminan por ser un cauce para la *aplicación de legislaciones separadas*.

Los textos multilaterales más trascendentes son los de la *OIT* ratificados y los que tienen origen en el *Consejo de Europa*. Conviene anotar, no obstante, que la influencia del Derecho plurilateral de carácter armonizador es aquí muy limitada, pese a ser España uno de los países europeos más activos en la ratificación de las propuestas de la OIT y del Consejo de Europa. Es, en efecto, escasísima su influencia. Sobre todo, son excepcionales las *muestras directas* de tal influencia. Más probables, aunque sean indefinibles (o de difícil determinación), son las difusas influencias indirectas, a las que me he referido con anterioridad.

Tres razones, al menos, explican la anterior contradicción (la que resulta de la abundancia de textos ratificados y de su relativa irrelevancia). Las siguientes:

— España, como la gran mayoría de los países europeos, sigue la práctica —yo creo que viciosa— de ratificar los instrumentos internacionales de Seguridad Social *porque puede y cuando puede*; no la práctica más generosa y progresiva de revisar en lo necesario el Derecho interno para, después, proceder a la ratificación del texto internacional en cada caso considerado.

Sin embargo, sólo este segundo método de acceso a las normas inter-nacionales permite hablar, con rigor, de incidencia o influencia del Derecho internacional en la formación —o en la transformación— del Derecho interno. El otro método no es sino una mera *constatación de coincidencias espontáneamente producidas*.

El reciente ejemplo español ratificando el mínimo indispensable del Convenio número 102 de la OIT, cuando podían haberse ratificado muchos más aspectos no considerados, es una prueba elocuente de esa práctica viciosa: lo que importa es ratificar con el *mínimo compromiso y sin esfuerzo alguno de progresión*. Algo sensiblemente diferente a someterse abiertamente a la influencia —que se presume beneficiosa— de la norma internacional.

— Tampoco es infrecuente, en España como en todas partes, la actitud de ratificar textos internacionales sin ánimo de cumplirlos; o porque existe una *mera apariencia de cumplimiento* en las normas internas en vigor.

Esta actitud, más reprobable que la anterior, desde luego, puede acabar siendo, sin embargo, un medio eficaz de influencia del Derecho internacional; a la larga, el Estado ratificante tratará de poner su conciencia en paz, y resolver las discrepancias que pueden provocar su posible denuncia en las instancias internacionales.

También de este fenómeno existe un claro ejemplo español: hace ya más de diez años desde la ratificación de la Carta Social Europea y sólo muy recientemente ha sido posible ratificar el Convenio número 102 de la OIT, al que aquélla se *remite de pleno* para determinar el contenido y alcance de los compromisos de los Estados que la ratifican,

— Otras veces, la ratificación del texto internacional se acuerda porque su texto se considera *descomprometido* o nada comprometedor para el legislador interno.

Los compromisos sobre totalización de períodos o sobre exportabilidad de las prestaciones no contributivas establecidos en el Convenio Europeo de Seguridad Social, por ejemplo, puede asumirlos sin reservas cualquier Estado cuya legislación interna no contemple ese tipo de prestaciones. El compromiso, en ese caso, carece de la menor eficacia; no tiene virtualidad alguna.

El problema se presenta luego, si el legislador interno decide en algún momento crear esa modalidad de prestaciones hasta entonces inexistente. Se plantea entonces una *difícil opción*: o la de mantener los compromisos adquiridos, pese a su coste o su inconveniencia política (sea por razones permanentes, o por motivos de coyuntura); o la de proceder apresuradamente a la denuncia del texto internacional, en actitud abiertamente autoacusatoria de la alegre decisión precedente.

No creo que sea necesario mencionar que un problema semejante es el que España afronta en la actualidad, con motivo de la aprobación por las Cortes de la nueva modalidad de pensiones no contributivas de la Seguridad Social, al menos en lo que se refiere al deber de totalización de períodos de residencia para el reconocimiento del derecho impuesto por el Convenio Europeo.

1. RED DE CONVENIOS INTERNACIONALES BILATERALES DE

SEGURIDAD SOCIAL SUSCRITOS POR ESPAÑA Y SUS CARACTERES GENERALES

España tenía concertados Convenios de Seguridad Social con todos los países de la CEE, excepto con Grecia, Irlanda y Dinamarca. No obstante, tales Convenios han venido a ser sustituidos en su plenitud, a partir de nuestra entrada en la CEE, por los Reglamentos 1408/71 y 574/72. Sólo perviven algunas cláusulas más favorables, o las muy escasas expresamente declaradas subsistentes en el Acta de Adhesión (Anexo III).

.Además, y en el mismo ámbito europeo, están en vigor Convenios sobre esta materia con Andorra y Suiza. En fechas próximas entrará en vigor el Convenio con Rusia, ya aprobado. Los Convenios con Austria y en Finlandia se han visto afectados por el Acuerdo sobre Espacio Social Europeo vigente desde enero de 1994.

Naturalmente, el cuadro de Convenios sobre Seguridad Social firmados con países iberoamericanos es muy numeroso. Aparte del Convenio multilateral de Quito, en su versión actualizada, se han firmado Conversos con Argentina, Brasil, Colombia, Chile, Ecuador, Paraguay, Perú, Panamá, Uruguay, Venezuela y México.

La red de Convenios se cierra con los concertados o en negociación con Australia, Canadá, Estados Unidos de Norteamérica, Marruecos y Filipinas.

Cabe, *en resumen*, anotar con respecto a la *negociación bilateral* los siguientes caracteres:

A) Que es *marginal* (o de *aplicación menos frecuente* que el Derecho interno o el internacional comunitario).

B) Que sus *principios y técnicas* son sustancialmente los mismos que los que inspiran al *Derecho comunitario*.

C) Que los vigentes con países *iberoamericanos* son *más simples* (técnicas de coordinación menos sofisticadas y menos equitativas) y *más limitados* (con frecuencia, se *excluyen* de coordinación ramas completas de la protección social, o se refieren *monográficamente* a una sola rama).

D) Que la *lentitud en la tramitación* de los expedientes de prestaciones basados en alguno de esos Convenios bilaterales *iberoamericanos* es tal (duran a veces años), que frecuentemente *concluyen en la aplicación pura y simple de la legislación española* al caso (aunque se respete la expectativa de revisión de lo acordado si el trámite internacional concluye satisfactoriamente en lo sucesivo).

E) Que la doctrina especializada ha recomendado la constitución de *normas iberoamericanas de alcance multilateral, y de gestión unificada por un órgano internacional creado al efecto* (SALABERRY).

El *Convenio multilateral de Quito* es un *frustrado* intento parcial en ese sentido.

F) Que los *Convenios europeos bilaterales* de aplicación más frecuente (Suiza, Austria...), *tienden a desaparecer a corto plazo, y a ser automáticamente sustituidos por los Reglamentos* CEE 1408/71 y 574/72.

Los *Convenios bilaterales europeos* son, pues, una *especie en extinción, con carácter inmediato,* además. El *Acuerdo CEE-EFTA*, vigente desde 1 de octubre de 1994 declara su automática sustitución por los Reglamentos 1408/71 y 574/72.

G) Como ya he dicho, todos los *Convenios bilaterales* sin excepción responden a *los mismos principios de ordenación y a las técnicas aplicativas* que caracterizan a los *Reglamentos comunitarios* 1408/71 y 574/72, que ya he descrito.

Aquella descripción es, por tanto, suficiente para considerar también descritos, en su *globalidad,* y *genéricamente,* los Convenios bilaterales en vigor.

La remisión global y genérica a los Reglamentos CEE debe, no obstante, *completarse* con la mención de las *excepciones más sobresalientes* recogidas en la convención bilateral extracomunitaria. Esas excepciones son las siguientes:

a) Algunos Convenios bilaterales disponen su aplicabilidad *a cualquier persona asegurada* sucesiva o simultáneamente en ambos países; es decir, *exceden la regia limitativa clásica* que reconduce sus normas sólo a los *nacionales de los dos Estados firmantes*.

Tales Convenios *sustituyen* el factor de la nacionalidad por el de la *actividad profesional* asegurada, e incluso por el de la mera *residencia*.

Semejante regulación se contiene en los Convenios con *Austria, Canadá y Estados Unidos*; también el Convenio con *Finlandia*.

b) Sólo *un Convenio* bilateral *se refiere nada más que a la protección sanitaria, excluyendo de consideración* el resto de las prestaciones de Seguridad Social.

Se trata del Convenio con *Panamá*, celebrado en el marco del «Convenio multilateral tipo» de Quito (de fecha 26 de enero de 1987).

Sin embargo, son *numerosos* los Convenios bilaterales referidos *sólo a prestaciones económicas o dinerarias* (Argentina, Canadá, Estados Unidos, Filipinas, Uruguay, Venezuela...). En ellos, las prestaciones técnicas o en servicios, *incluidas las sanitarias, no están coordinadas*; respecto de ellas únicamente se declara, cuando se mencionan, su sujeción al principio general *de igualdad de trato*.

Son mayoría, con todo, los Convenios bilaterales que amparan a *todo tipo de prestaciones* (dinerarias y en servicios), aunque en ocasiones se excluye tal o cual de ellas por las dificultades técnicas que su coordinación comporta.

Estos *Convenios de contenido mixto* son los de: Andorra, Austria, Marruecos, Brasil, Ecuador, Perú, Paraguay, Chile...

Las *prestaciones más frecuentemente excluidas son las familiares*, las de desempleo y los servicios sociales.

c) Algunos Convenios bilaterales prevén la *exportabilidad de las prestaciones en dinero más allá del territorio de los dos Estados firmantes* y garantizando su pago a residentes en *terceros países*.

Es el caso de los Convenios con *Venezuela y Filipinas*.

La norma común, sin embargo, es la *contraria*: Finlandia, Marruecos, Suecia, USA, Austria..., *limitan la exportabilidad al territorio español*.

d) El Convenio bilateral con *USA* autoriza a los *trabajadores desplazados* por sus empresas al territorio del otro Estado a continuar asegurados en el Estado de origen por un *plazo de cinco años*.

La *mayoría* de los Convenios fijan, sin embargo, *plazos más reducidos* —generalmente de dos años—, aunque después en la práctica se concedan numerosas *excepciones* ampliatorias por parte de las Autoridades competentes.

e) Los Convenios con *países iberoamericanos* son particularmente *restrictivos en materia de asistencia sanitaria*.

Así, los estipulados con *Brasil, Chile y Panamá* limitan a *veinticuatro meses* como máximo la protección sanitaria de los *familiares del trabajador migrante que permanecen en el país de origen* (es decir, que no han acompañado a aquél en su desplazamiento transfronterizo).

Algunos Convenios con *países europeos* (Finlandia, Suecia...) son *también restrictivos, aunque en menor grado*. Así, condicionan la *asistencia sanitaria a los familiares residentes en el otro país distinto al competente al pago adicional de una cuota especial de libre determinación*. (Para los países del EEE, no obstante, esta regla ha quedado derogada desde la vigencia del Acuerdo CEE del 1 de enero de 1994.)

f) Los *Convenios bilaterales más recientes* simplifican extremadamente el *método de cálculo de las pensiones* (es la respuesta a la lentitud de trámite de los expedientes derivados de Convenios que se inspiran en los Reglamentos comunitarios). Según tales Convenios, los Estados deben *proceder sin más a la concesión de pensiones nacionales autónomas*, sin necesidad de acudir a la totalización de períodos de seguro. Esa totalización procede sólo cuando el interesado no cumple los requisitos de cotización necesarios en algunos de los dos países; en este caso, la institución aseguradora de ese país le concede una *pensión prorrata* sin comprometer para nada los derechos autónomos del interesado en el otro país.

Esta regla simplificadora se contiene en los Convenios con *Ca-*

nadá, Estados Unidos, Finlandia, Venezuela, Marruecos y Suecia, y en el firmado con *México*.

g) Por último, la *base reguladora de pensiones* se obtiene mediante *reglas muy dispares*, según cual sea el Convenio bilateral, aplicable: SMJ: *base mínima de cotización de la categoría profesional*; base de cotización correspondiente a la *categoría profesional en el extranjero*...

Los nuevos Convenios (y los antiguos revisados) incluyen de manera uniforme la formulación de bases reguladoras que se contiene en el correspondiente Protocolo Adicional del Reglamento 1408/71.

2. Tratados y Convenios internacionales sobre la materia ratificados por España

Se refiere este capítulo a las normas y recomendaciones procedentes de *organizaciones internacionales* —universales o regionales, comunes o especializadas— que se destinan a señalar la *orientación más conveniente* que debe seguirse en la cooperación sobre Seguridad Social.

La *Organización Internacional del Trabajo* (OIT), las *Naciones Unidas* (en particular su Consejo Económico y Social), la *Organización Mundial de la Salud*, el *Consejo de Europa* y, en el ámbito americano, la *Organización Iberoamericana de Seguridad Social* (OISS), son las fuentes principales de producción de las normas aquí consideradas.

Su *contenido* es dispar; en unos casos se trata de instrumentos internacionales «*de principios*» (en los que se afirma la universalidad del derecho a la Seguridad Social, su extensión y las ventajas garantizadas), y en otros de instrumentos «*normativos*» (en cuanto que implican obligaciones de comportamiento para los Estados) (VAN RAEPENBUSCH).

España es uno de los *países más activos* en la ratificación del Derecho Multilateral existente; ha suscrito la mayoría de los Convenios de la OIT sobre esta materia, y los más importantes instrumentos del Consejo de Europa. Lo que interesa retener es que, como he anotado ya, el artículo 10, número 2, de la Constitución hace de este Derecho internacional ratificado un *instrumento interpre-*

tativo de primer orden para juzgar sobre el Derecho interno. De ahí el doble valor de tal Derecho internacional: el que le confiere su *«constitucionalización»* (ya que se integra en la Constitución y sirve para interpretarla); y el que resulta de su genérica *incorporación al ordenamiento jurídico* español.

Aplicando el caso de España, en la distinción propuesta por VAN RAEPENBUSCH, cabe hablar de textos internacionales *de principios* y de Convenios de *carácter normativo* entre los ratificados por España»

Entre los primeros —los de principios— debe seleccionarse la Declaración Universal de los Derechos del Hombre, la Carta de Filadelfia, el Pacto sobre derechos económicos, sociales y culturales y, en cierto modo (en parte al menos), la Carta Social Europea.

Entre los textos de alcance normativo son predominantes el convenio número 102 de la OIT y el Código Europeo de Seguridad Social

Por su efecto coordinatorio, deben citarse también el convenio Europeo aprobado por el Consejo de Europa, y los numerosos convenios sobre migrantes e igualdad de trato de la OIT.

A) Instrumentos jurídicos internacionales de principios

Una *enumeración selectiva* de los ratificados, con expresa mención el alcance de los principios que en ellos se mencionan, debe incluir al menos los siguientes:

a) Declaración Universal de Derechos del Hombre, de Naciones Unidas, de 10 de diciembre de 1948, a la que hace expresa referencia el artículo 10 de la Constitución, antes citado. Su artículo 22 proclama el derecho de «toda persona, como miembro de la sociedad, a la Seguridad Social y a obtener... la satisfacción de los derechos económicos, sociales y culturales indispensables a su dignidad y al libre desarrollo de su personalidad». El mismo precepto previene que la garantía de esos derechos ha de resultar del esfuerzo solidario y cooperativo en los ámbitos nacional e internacional

b) Pacto Internacional sobre derechos económicos, sociales y culturales de

16 de diciembre de 1966, de Naciones Unidas, en cuyo artículo 9 se afirma el carácter universal (en cuanto referidos a «todas las personas») de los derechos de Seguridad Social

c) La Carta Social Europea, de 18 de octubre de 1961, del Consejo de Europa, tiene dos caracteres interesantes: el primero es su remisión genérica a la norma mínima sobre Seguridad Social de la OIT (Convenio núm. 102 de esta última organización); y el segundo es el *compromiso de no regresividad* (de progresividad obligada, incluso) de los ordenamientos de los Estados ratificantes en lo referido a protección social. Ese compromiso tiene difícil cumplimiento en épocas de aguda crisis económica, por lo que se acude a fórmulas de compromiso tales como su *evaluación global* (que permite regresiones en uno o muchos aspectos concretos, siempre que no se desfiguren en exceso los sistemas protectores) o su ya citada interpretación laxa en calidad de mera *estabilidad no regresión* (aunque no se produzca progreso alguno).

Cabe una valoración conjunta de estos instrumentos, a los que afecta una «*extrema generalidad e imprecisión*» (VAN RAEPEN-BUSCH), una *flexibilidad* que los hace viables, pero a costa de neutralizar en alto grado su eficacia, y una difusa orientación, por *objetivos* (es decir, los marca como ajenos a las técnicas aplicadas para su realización, lo que implica en parte la indefinición relativa de esos mismos objetivos). Cualquiera de esos defectos, empero, se compensa por su preferencia —según mandato constitucional— para servir a la interpretación, del Derecho interno equivalente.

B) Normas Internacionales multilaterales

Son las más significativas —como he dicho— las que derivan de la OIT y del Consejo de Europa.

a) El Convenio número 102 (Norma Mínima) de la OIT es, de todas, la norma internacional *más influyente* de cuantas han sido aprobadas hasta ahora.

Su ratificación por España se produjo, en un primer momento, de manera *indirecta* (mediante la de la Carta Social Europea, que se remite a él en estos temas de Seguridad Social). Esa ratificación indirecta podía ser interpretada como una adhesión *plena* a todos sus preceptos y compromisos sin excepción, lo que no estaba en el ánimo de las Autoridades españolas. De ahí su ratificación *expresa, directa y limitada posterior.*

Por contraste con las normas internas, cabe señalar las siguientes como *limitaciones más significativas* del Derecho protector interno.

1.º La legislación española *no garantiza* el derecho a prestaciones sanitarias por razón de enfermedades mentales ni las propias de la especialidad de odontología.

2.º El *ticket* moderador que abonan los beneficiarios de la prestación farmacéutica excede la proporción razonable que el Convenio establece.

Por otra parte, no se exceptúan de su pago —como el Convenio demanda— los casos de embarazo, parto y puerperio.

3.º El Convenio demanda el establecimiento del derecho a hospitalización no quirúrgica, cuando fuera necesaria. El legislador español sólo contempla el caso cuando la hospitalización «es necesaria en interés de la salud general», y

4.º La pensión de viudedad se condiciona a la «situación de alta» del asegurado en el momento del fallecimiento, sin que ese requisito pueda validarse en las normas correspondientes del Convenio.

b) El *Código Europeo revisado*, aprobado por el Consejo de Europa, es un texto altamente progresivo. Significa un paso cualitativo con respecto al Convenio 102 de la OIT y, en ese sentido, el ordenamiento español dispone de parecidas carencias y defectos que los que resultan de su comparación con aquél. También ha sido ratificado por España.

c) Convenio número 117 de la OIT, de 22 de junio de 1962 (ratificado en 1972), sobre normas y objetivos básicos de la política social, donde se considera también el bienestar de los trabajadores migrantes.

C) Convenios internacionales multilaterales sobre migrantes

En fin, los instrumentos de coordinación multilaterales ratificados más significativos son éstos: *Convenio Europeo relativo al Estatuto Jurídico del Trabajador Migrante*, de 24 de noviembre de 1977 (ratificado en 1983), cuyos artículos 18 a 20 consagran el principio de igualdad de trato en materia de protección social (Seguridad Social y Asistencia Social y Médica); *Convenio número 97 de la OIT* sobre trato igual a migrantes, y del que se ha tratado en la descripción del derecho interno. Su artículo 6 es el que se dedica a estas materias de Seguridad Social; *Convenio Europeo de Seguridad Social y Acuerdo complementario*, de 14 de diciembre de 1972 (ratificado en 1986). Es de particular interés en cuanto a las garantías que concede a los migrantes para el acceso y conservación de las prestaciones no contributivas (véase, entre otros, su art. 8, donde se reconoce el derecho a fracción de este tipo de prestaciones que la legislación interna española no contempla). Asimismo, interesa resaltar su *conexión con los Reglamentos CEE*, que permiten la aplicación combinada de unos y otro; *Convenio Europeo de Asistencia Social y Médica*, de 11 de diciembre de 1953 (ratificada en 1984), en el que se garantiza la protección de los migrantes mediante las instituciones a que se refiere; *Convenio número 19 de la OIT*, de 5 de junio de 1925, sobre igualdad de trato de los inmigrantes en materia de protección por accidentes de trabajo (ratificado en 1928); *Convenio número 48 de la OIT,* de 22 de junio de 1935, relativo a la organización de un régimen internacional para la conservación de los derechos de invalidez, vejez y muerte (ratificado en 1936). Supone el antecedente primero de las reglas tópicas contenidas después en numerosos convenios bilaterales entre Estados y en ciertas disposiciones de la Unión Europea; *Convenio número 157 de la OIT*, de 21 de julio de 1982, sobre conservación de derechos de Seguridad Social de los Migrantes (ratificado en 1985). Afecta a todas las ramas del aseguramiento; y *Convenio Iberoamericano de Seguridad Social de Quito*, de 26 de enero de 1978 (ratificado en 1982). Responde al mismo esquema, si bien bastante simplificado, que las normas de la OIT sobre estas mismas materias coordinatorias.

APÉNDICE I

SELECCION DE BIBLIOGRAFIA EN LENGUA ESPAÑOLA

ABEL-SMITH, Brian, *¿Cuánto cuesta la salud? Estudio comparativo de las prestaciones sanitarias en la Seguridad Social*, Madrid, Mapire, 1989.

AGOSTA ESTEVEZ, J. B., «La protección de los trabajadores asalariados en caso de insolvencia del empresario. La armonización comunitaria de las legislaciones sociales», en *Relaciones Laborales*, 12/1990, págs. 87-97.

ALMAJANO PABLOS, Luis M., «Normas y propuestas comunitarias en materia de previsión social complementaria, en particular los compromisos por pensiones de los trabajadores», en *Actualidad Administrativa*, publicación semanal técnico-jurídica de Derecho Administrativo, 10/1994, págs. 163-185.

ALONSO OLEA, M., «Directivas comunitarias y normas nacionales: el carácter mínimo de las Directivas sobre Seguridad Social e higiene en el trabajo y la posible "mayor protección" de la norma nacional», en Revista de Instituciones Europeas, 1/1991, págs. 9-38.
— «La Unión Europea y la política social», en *Anales de la Real Academia de Ciencias Morales y Políticas*, núm. 69/1991-92.

ALONSO SOTO, Francisco, *Estudios de Derecho Social Comunitario*, Madrid, 1989.
— «La Europa Social después de Maastricht», en Documentación Social, 19/1993, págs. 111-124

ARIÑO, Antonio, «Las políticas sociales europeas de la vejez en la encrucijada de la crisis», en *Revista de Serveis Socials*, 25/1993, págs. 25-32.

ASOCIACION INTERNACIONAL DE LA SEGURIDAD SOCIAL, «Los regímenes de pensiones de la Seguridad Social en América Latina», en *Documentación de la Seguridad Social*, 11/1990, págs. 213-219.

— «Los regímenes públicos y privados de pensiones», en Documentación de la Seguridad Social, 11/1990, págs., 137-150.

AYALA CANON, Luis, «Los sistemas generales de rentas mínimas en Europa: logros, límites y alternativas», en *Documentación Social*, 96/1994, págs. 223-276.

BAREA TEJEIRO, J., «La financiación de la Seguridad Social en la Comunidad Económica Europea», en *La financiación de la protección social. La reforma financiera del sistema español de Seguridad Social de 1989*, Madrid, ed. Ministerio de Trabajo y Seguridad Social, 1991.

— «Gasto en protección social, política de convergencia y competitividad», en *Papeles de Economía Española*, 48/1991, págs. 79-98.

— «Gasto público en sanidad en el contexto internacional», en *Presupuesto y Gasto Público*, 3/1991, págs. 197-210.

— «El sistema de protección social español y la evolución demográfica», en *Los sistemas de pensiones y la evolución demográfica*, Madrid, Ministerio de Trabajo y Seguridad Social, 1993, 277 págs.

BARRADA, Alfonso, «Armonización estadística en materia de Seguridad Social; su aplicación por España», en *Noticias CEE*, 36/1988.

— *Los gastos y los ingresos de protección social en comparación internacional*, Madrid: FIES, 1989, 72 págs.

— «Las tasas de sustitución de las pensiones de jubilación en el momento del abandono de la vida activa en España y en otros seis países de las Comunidades Europeas», en *Economía y Sociología del Trabajo*, 15-16/1992, págs. 260-298.

BARTOLOME DE LA CRUZ, Doctor Héctor G., «El seguimiento y control de aplicación de los instrumentos normativos del Consejo de Europa: la Carta Social Europea y el Código Social Europeo de Seguridad Social, en *Revista de Seguridad Social*, núm.

39/1988.

BERKOWÍTZ, M., y otros: *Seguridad Social para minusválidos. Perspectiva internacional: Austria, Finlandia, Israel, Suecia, Países Bajos, Rep. Fed. de Alemania y Reino Unido*, Madrid, Ministerio de Asuntos Sociales, 1.990, 209 págs.

BLANCO PEREZ-RUBIO, L. «Aspectos fundamentales del régimen jurídico de la protección por viudedad en Francia y en España», en *Documentación Laboral*, ACARL, 30/1990, págs. 75-90.

BOSSCHER, A., «La Seguridad Social de los trabajadores migrantes en la perspectiva del establecimiento del Mercado interior», en *Los Sistemas de Seguridad Social y el Mercado Único Europeo*, Madrid, ed. Ministerio de Trabajo y Seguridad Social, 1993.

CACHON RODRIGUEZ, Lorenzo, «El envejecimiento de la población en Europa y las políticas comunitarias para las personas de edad avanzada», en *Rev. de Economía y Sociología del Trabajo*, 18/1992, págs. 116-426.

CARPIO GARCIA, M., «La armonización de los gastos en la Comunidad Europea: Exigencias para el gasto público español», en *Presupuesto y gasto público*, 3/1991, págs. 9-21.

CARTA SOCIAL EUROPEA DESDE LA PERSPECTIVA DE LA EUROPA DEL AÑO 2000 (Acta del coloquio conmemorativo del XXV aniversario de la Carta Social Europea). Granada, 26 octubre 1987. Madrid, Ministerio de Trabajo y Seguridad Social, 1989, 315 págs.

CASAS ALVAREZ, J., «Ámbito personal del Reglamento 1408/71 de las Comunidades Europeas y de la Seguridad Social española», en *La Seguridad Social española y la adhesión a las Comunidades Europeas. Problemas de armonización y coordinación*, Madrid, 1981.

CELA Y A, M., «Historia de la Europa Comunitaria», en *Rev. Información Comercial Española*, núm. 626, 1985.

CENTRO DE DOCUMENTACION EUROPEO, *El espacio social europeo*, Valladolid, Lex Nova, 1991, 260 págs.

CHASSARD, Ivés, y QUINTIN, Odile, «La protección social en la Comunidad Europea: hacia la convergencia de las políticas», en *Rev. Internacional de la Seguridad Social*, AISS, 1-2/1992, págs. 105-120.

CHASSARD, «El Mercado Único y el desarrollo de los sistemas de Seguridad Social», en *Los sistemas de Seguridad Social y el Mercado Único Europeo*, Madrid, ed. Ministerio de Trabajo y Seguridad Social, 1993.

CHOZAS BERMUDEZ, A., «Perspectivas de la Seguridad Social española desde el contexto europeo», en *Rev. de Trabajo y Seguridad Social*, núm. 5, 1992.

CICHON, Michael, «El financiamiento de la atención de la salud en los países en desarrollo», en *Rev. Internacional del Trabajo*, 3/1993, págs. 379-394.

COLÍNA ROBLEDO, M., y otros, *Derecho Social Comunitario*, Valencia, 1991.

COLL CUOTA, Pilar, «Convergencia y protección social», en *Hacienda Pública Española*, Cuadernos de Actualidad, 5/1992, págs. 138-142.

— «Niveles de bienestar en la Comunidad Europea. El reto de la convergencia», en *Rev. de Trabajo y Seguridad Social*, 9/1993, págs. 101-109.

COMISION DE LAS COMUNIDADES EUROPEAS, *Cuadros comparativos de los regímenes de la Seguridad Social aplicables en los Estados miembros de las Comunidades Europeas*, sexta y última ed. española, Madrid, ed. Ministerio de Trabajo y Seguridad Social, 1990.

— «Sistemas complementarios de Seguridad Social (El papel de los sistemas de jubilación profesionales en la protección social de los trabajadores y sus implicaciones para la libre circulación)», en *Rev. de Trabajo y Seguridad Social*, núm. 2, 1991.

— *Cuadros comparativos de los regímenes de la Seguridad Social. Aplicables en los Estados miembros de las Comunidades Europeas*. 31-XII-89. Régimen general (Edición al cuidado de Fidel Perreras, Bernardo Gonzalo y José Ignacio Tejerina), Madrid, Ministerio de Trabajo y Seguridad Social, 1991, 156 páginas.

— *Segundo Informe de la Comisión al Consejo, al Parlamento Europeo y al Comité Económico y Social sobre la aplicación de la Carta Comunitaria de los derechos fundamentales de los trabajadores*, Luxemburgo, dic. 1992, 330 págs.

— «La protección social en Europa», en *Rev. del Instituto de Estudios Económicos*, 1 y 2/1994, págs. 61-380.

CONSEJO DE EUROPA, «Informe sobre la Seguridad Social en una sociedad cambiante», en *La Seguridad Social en una sociedad cambiante*, Madrid, ed. Ministerio de Trabajo y Seguridad Social, 1992.

CUBAS, A., «A propósito de la Seguridad Social de los trabajadores extranjeros», de próxima publicación en la revista *Tribuna Social*.

DÍAZ JIMÉNEZ, Mª del Carmen. «El sistema de fuentes del Título Preliminar del Código Civil y el Ordenamiento Jurídico Comunitario Europeo», en *Actualidad Civil*, núm. 14, 1993.

— «El Tratado de la Unión y la Constitución española», en la revista *Actualidad Administrativa*, núm. 6/8, 14 de febrero de 1993.

DIEZ RODRIGUEZ, R., «La Seguridad Social española ante la CEE», en *Emigración y Mercado Común*, Madrid, 1985.

DIEZ ROMERA, C., *Estudio comparativo del sistema de Seguridad Social español frente a la Comunidad Europea*, Madrid, IESA, 1982, 2 vol.

DRAPERIE, Richard, «Función y lugar de la Seguridad Social en la Comunidad», en *Rev. de Economía y Sociología del Trabajo*, 4-5/1990, págs., 189-201.

DOMINGUEZ GARRIDO, José Luis, «Los sistemas de aseguramiento complementario en la CEE», en *Futuro de las Pensiones en España*.

DURAN LOPEZ, F., «La armonización de los ordenamientos laborales de los Estados miembros de la CEE. Problemas alternativos y soluciones», en *Revista de Instituciones Europeas*, 1/1990, págs. 71-104.

ELORZA CAVENGT, Javier, «La nueva cohesión, económica y social acordada en Maastricht: especial referencia a sus implicaciones sociales», en *Rev. de Economía y Sociología del Trabajo*, 17/1992, págs. 35-45.

FARIÑAS MATON!, Luis, «Hacia una Seguridad Social Comunitaria Europea», en *Revista de Estudios e Investigaciones de las Comunidades Europeas*, 6/1988.

FERNANDEZ LOPEZ, Aurelio, «El Código Europeo de Seguridad Social y la armonización de los niveles de protección de los sistemas europeos», en *Revista de Seguridad Social*, núm. 39/1988.

FERNANDEZ MORENO, Marta, «El gasto en protección social en los países de la Unión Europea durante el período 1980-1991», en *Economía y Sociología del Trabajo*, 21-22/1993, págs. 192-201.

FERNANDEZ TORRES, J. R., «Revisión de oficio de los actos administrativos dictados con infracción del Derecho comunitario», en *Revista de Administración Pública*, núm. 125. 1991.

FERRERAS ALONSO, Fidel, «Panorámica de los sistemas de Seguridad Social en los países comunitarios», en *Relaciones Laborales*, 1/1993, págs. 65-91.

GALIANA MORENO, Jesús M., «La aproximación de las legislaciones de los Estados miembros relativas a la protección de los trabajadores asalariados en caso de insolvencia del empresario (Comentarios a la Directiva del Consejo 80/1987, de 20 de octubre)», en *Noticias CEE*, 40/1988.

GARCIA DE BLAS, Antonio, «La protección por desempleo en España y en los demás países europeos de la OCDE», en *Revista Internacional del Trabajo*, núm. 1/1985.

GARCIA DE CORTAZAR Y NEBREDA, Carlos, «La seguridad social comunitaria europea en 1990 y 1991», en *Rev. de Trabajo y Seguridad Social*, 7/1992, págs. 79-93.

GARCIA RODRIGUEZ, L, «La aplicación de las normas materiales imperativas sobre la concurrencia de prestaciones de Seguridad Social en el Derecho Internacional y en el Derecho Comunitario», en *Revista de Instituciones Europeas*, 3/1991, págs., 897-916.

— *Aspectos internacionales de la Seguridad Social*. Madrid, Ministerio de Trabajo y Seguridad Social, 1991, 526 págs. (Col. Tesis Doctorales).

GARZON CLARÍANA, Gregorio, «El nuevo derecho social de la Comunidad Europea: objetivos y medios», en *Revista de Instituciones Europeas*, 1/1992, págs. 39-69.

GIRON LARRUCEA, J. A., «El sistema normativo de la CEE y su aplicación: en el orden jurídico interno del Estado español», en la revista *Noticias CEE*, núm. 87/1992.

GIULIANO, A., «Los instrumentos internacionales de Seguridad Social y la Organización Internacional del Trabajo», en *Revista de Seguridad Social*, 42/1989, págs. 21-41.

GOMEZ SALA, J. Salvador, *Pensiones públicas, ahorro y oferta de trabajo: análisis del caso español* Madrid, Ministerio de Trabajo y Seguridad Social, 1989, 558 págs.

GOMEZ SALA, J. Salvador, y otros, «Sistemas públicos de pensiones e integración europea. Anejos y cuadros», en *Presupuesto y Gasto Público*, 7/1992, págs. 37-56.

GOMEZ SALA, J. Salvador, «Actividad laboral y salud pública a la vejez: un análisis internacional», en *Hacienda Pública Española*, 126/1993, págs. 51-108.

GONZALEZ POSADA MARTÍNEZ, Elias, «El significado de la normativa comunitaria en materia de seguridad, higiene y salud en el trabajo. La Directiva 89/391/CEE», en *Actualidad Laboral*, 32/1991, págs. 393-398.

GONZALEZ-SANCHO LOPEZ, E., «Relaciones entre legislación comunitaria y Convenios bilaterales en materia de Seguridad Social de migrantes: de la Sentencia Ronfeldt al caso Peschiutta». De próxima publicación en la *Revista de Trabajo y Seguridad Social*.

— «Ámbito material del Reglamento 1408/71 de la CEE, sobre Seguridad Social de los trabajadores migrantes, y legislación interna española afectada por el mismo», *en La Seguridad Social española y la adhesión a las Comunidades Europeas. Problemas de armonización y coordinación*, Madrid, 1981.

— «Principales repercusiones sobre la Seguridad Social del ingreso de España en las Comunidades Europeas», en *Revista de Seguridad Social*, núm. 31, 1986.

— «Organización administrativa comunitaria competente en materia de Seguridad Social», en *Noticias CEE*, núm. 36, 1988.

— «Normas de Seguridad Social contenidas en el Tratado de Adhesión de España a la Comunidad Europea», en *Noticias CEE*, núm. 36, 1988.

— «Las prestaciones familiares en la Comunidad Europea: perspectivas de convergencia, armonización y unificación», en *Convergencia de políticas sociales*, Ministerio de Trabajo y Seguridad Social,

— «La Seguridad Social de los migrantes no comunitarios que trabajan en la Comunidad Europea», en *Revista de Trabajo y Seguridad Social*, núm. 9, 1993.

— «Espacio comunitario y Seguridad Social: un enfoque redistributivo», en *Rev. de Seguridad Social*, núm. 41, 1989.

GONZALEZ TEMPRANO, A., y TORRES VILLANUEVA, E., *El Estado de bienestar en los países de la OCDE*. Madrid, Ministerio de Trabajo y Seguridad Social, 1993, 290 págs.

GONZALO-FERRERAS-TEJERINA, *Evolución y tendencias de la Seguridad Social durante la crisis económica*, Madrid, 1985,

GONZALO GONZALEZ, B., y GONZALEZ-SANCHO LOPEZ, E., «El Convenio núm. 102 (Norma mínima) de la OIT y la Seguridad Social española», en *Revista de Seguridad Social*, núm. 2, 1979.

— *Cuestiones de interpretación y aplicación de los Convenios Internacionales de Seguridad Social*, Madrid, 1975.

GONZALO GONZALEZ, B., y TEJERINA, J. I., «La protección de la emigración de retorno en la Ley Básica de Empleo», en *Re-*

vista de Seguridad Social, núm. 12, 1981.

GONZALO GONZALEZ, B., «Ei Reglamento 1408/71. Principios de ordenación», en la revista *Noticias CEE*, núm. 36, 1988.
— «Proyecto de elaboración del Código Iberoamericano de Seguridad Social», en *Revista de Seguridad Social*, núm. 38, 1988.
— «El debate sobre la edad de jubilación en Europa», en *Revista de Seguridad Social*, 42/1989, págs. 7 a 19.
— «La Seguridad Social española y la Directiva del Consejo 80/987/CEE, de 20 de octubre, sobre aproximación de las legislaciones de los Estados miembros relativas a la protección de los trabajadores asalariados en caso de insolvencia del empresario», en la revista *Noticias CEE*, núm. 36, 1988.
«Apuntes sobre el futuro de la jubilación en Europa», en Documentación Laboral ACARL, núm. 24/1988.
— «La reforma de los sistemas de cotización a la Seguridad Social en la CEE», en la revista Papeles de Economía Española, núm. 41, 1989.
— «La Seguridad Social en la Comunidad Europea en 1989», en *Rev. de Seguridad Social*, núm. 43-44, 1989.
—«La influencia en la legislación española de los instrumentos internacionales sobre Seguridad Social del Consejo de Europa», en la revista *Relaciones Laborales*, núm. 12/1991, págs. 110-122.
— «La Seguridad Social europea en el horizonte del año 1993», en *Noticias CEE*, núm. 76, 1991.
— «Las pensiones no contributivas en Europa», en *Los sistemas de Seguridad Social y las nuevas realidades sociales*, Madrid, ed. Ministerio de Trabajo y Seguridad Social, 1992.
— «Ponencia de Síntesis. Seminario sobre los Sistemas de Seguridad Social y el Mercado Único Europeo (San Lorenzo de El Escorial, 29-30 de mayo de 1989)». Publicada con el título «Conclusiones del Seminario», sin cita del autor, en el libro *Los Sistemas de Seguridad Social y el Mercado Único Europeo*, Madrid, ed. Ministerio de Trabajo y Seguridad Social, 1993.
— *Garantía pública de las pensiones privadas de Seguridad Social Complementaria: la no transposición de la Directiva 80/987/CEE, y las posibilidades para su aplicación judicial inmediata o directa*. De próxima publicación.

GORDON, Margaret S., *La política de Seguridad Social en los países industrializados*, Madrid, Ministerio de Trabajo y Seguridad Social, 1990, 476 págs.

GUHAN, S., «Opciones de los países en desarrollo en materia de Seguridad Social», en *Revista Internacional del Trabajo*, 1/1994, págs. 37-58.

GUILLEMARD, Anne Marie: *Análisis de las políticas de vejez en Europa* Madrid, INSS, 1992, 200 págs.

HERCE SAN MIGUEL, J. A., «Cobertura de Seguridad Social y sistemas complementarios», en la revista *Papeles de Economía Española*, núm. 41, 1989.

HERRERO COCO, Covadonga, «El Convenio Europeo de Seguridad Social y el Reglamento CEE 1408/71, relativo a la aplicación de los regímenes de Seguridad Social a los trabajadores por cuenta propia y por cuenta ajena que se desplazan dentro de la Comunidad», en *Revista de Seguridad Social* núm. 39/1988.

HERRERO DE MIÑON, M., «Constitución española y Unión europea. Comentarios al art. 93 de la Constitución española», en *Revista de las Cortes Generales*, núm. 26, segundo cuatrimestre de 1992.

INSTITUTO NACIONAL DE LA SEGURIDAD SOCIAL, Reglamentos 1408/71 y 574/72 de la *Comunidad Europea en materia de Seguridad Social (Normativa comunitaria y Decisiones de la comisión Administrativa)*, Madrid, cuarta edición, 1993.

—*Introducción al Derecho de la Seguridad Social de los países miembros de la CEE*, Madrid, 1992, 364 págs.

INSTITUTO NACIONAL DE SERVICIOS SOCIALES, *Estudio comparado del gasto en servicios sociales en los países de la CEE,* Madrid, 1990, 420 págs.

IZQUIERDO, J., «Sanidad comparada: los diferentes niveles asistenciales en diversos países», en *Jano Medicina y Humanidades*, 947/1991, págs. 55-62.

JIMENEZ AGUILAR, J., «La política social después de Maastrich!», en *Revista de Economía y Sociología del Trabajo*, 17/1992, págs. 57-60.

JIMENEZ CHORNET, E., «Los convenios de la OIT ratificados por España», en *Civitas Revista Española de Derecho del Trabajo*, 66/1994, págs. 581-606.

JOHNSON, Norman, *El Estado de Bienestar en transición: la teoría y la práctica del pluralismo de bienestar*, Madrid, Ministerio de Trabajo y Seguridad Social, 1990, 287 págs.

JURISPRUDENCIA COMUNITARIA ANTERIOR A 1985. «Los conflictos de leyes en materia de Seguridad Social», en *Gaceta Social Jurídica de la CEE*, Boletín 56/1988.

KAUPER, H., «Órganos y procedimientos de gestión administrativa de la Seguridad Social comunitaria», en *La Seguridad Social española y la adhesión a las Comunidades Europeas. Problemas de armonización y coordinación*, Madrid, 1981.

LAURENT, A., «La armonización de los sistemas de Seguridad Social en las Comunidades Europeas», en *La Seguridad Social española y la adhesión a las Comunidades Europeas. Problemas de armonización y coordinación*, Madrid, 1981.

LE GRAND, J., «La asistencia sanitaria y la construcción del Mercado Único: perspectiva y problemática», en *Los sistemas de Seguridad Social y el Mercado Único Europeo, Madrid*, ed. Ministerio de Trabajo y Seguridad Social, 1993.

LLUIS NAVAS, J., «La repercusión del Derecho Comunitario Europeo sobre nuestra legislación de prevención de accidentes», en *Actualidad Laboral*, 8/1991, págs. 89-103.

LOPEZ GANDIA, Juan, «La Directiva Comunitaria 79/7, de 19 de diciembre de 1978, relativa a la aplicación progresiva del principio de igualdad de trato entre hombres y mujeres en materia de Seguridad Social y sus repercusiones en el Derecho Español», en *Noticias CEE*, 43-44/1988.

LOPEZ GARCIA, M. A., «Cotizaciones sociales e imposición sobre la nómina: una nota y una comparación tentativa España-CEE», en *Economía Pública/Ekonomiaz*, 3/1991, págs. 47-62.

LOPEZ PARADA, R. A., y otros, *Derecho Social de las Comunidades Europeas*, Madrid, 1988.

MANRIQUE LOPEZ, F., «Las relaciones laborales en los países miembros de la CEE», en *Boletín de Estudios Económicos*, 151/1994, págs. 23-68.

MANSILLA, Félix, *Integración del seguro en la Comunidad Económica Europea: libertad de prestación de servicios, aceleración del proceso, problemática y actuaciones posibles*, Madrid, Española de Seguros, 1988.

MANZANO SANZ, F., «Protección y gestión de los riesgos profesionales en los Estados de la Comunidad Económica Europea», en *Revista de Seguridad Social*, núm. 36, 1987.

— «El Convenio Europeo de Asistencia Social y Médica», en *Revista de Seguridad Social*, núm. 39, 1988.

MARIAN CORREA, J. M., «Protección del desempleo y derecho comunitario europeo», en *Actualidad Laboral*, 19/1993, págs. 357-366.

MARTINEZ ESTRADA, J., «La coordinación comunitaria de las prestaciones sanitarias de la Seguridad Social española», en *La Seguridad Social española y la adhesión a las Comunidades Europeas. Problemas de armonización y coordinación*, Madrid, 1981.

MARTINEZ LOPEZ, F., «Renta básica o mínima. Informe referente a la Conferencia Europea celebrada en Cumberland Lodge (Inglaterra), organizada por la Universidad de Bath y patrocinada por la Comisión de las Comunidades Europeas», en *Revista de Seguridad Social*, 41/1989, págs. 143-174.

MARTINEZ MURILLO, José, «Maastricht y la nueva Política Social», *en Gaceta Jurídica de la CE*, Boletín 71, febrero 1992.

MARTINEZ NOVAL, Luis, «La Europa social después de Maastricht», en *Leviatán*, 46/1991, págs. 21-30.

MELGUIZO SANCHEZ, A., y LOPEZ LOPEZ, M. T., «El gasto público en prestaciones por desempleo en los países de la Europa Comunitaria», en *Presupuesto y Gasto Público*, 3/1991, págs. 165-182.

MILANO, S., «La renta mínima garantida als paisos de l'OCDE», en *Món Laboral*, 3 extra/1989-1990, págs. 57-67.

MINISTERIO DE TRABAJO Y SEGURIDAD SOCIAL, *Código de Migraciones*, 2 tomos, 1989.
— *Pensiones no contributivas*, Madrid, 1991, págs. 323.
— *La financiación de la protección social*, Madrid, 1991, págs. 532.
— *Estudios preparatorios para la Ley de Pensiones No Contributivas*, Madrid, 1991, pág. 179.
— *La Segundad Social en una sociedad cambiante*, Madrid, 1992, pág. 184.
— *Los sistemas de Seguridad Social y las nuevas realidades sociales*, Madrid, 1992, pág. 376.
—*Política social de la Comunidad Europea*, 3 tomos, Madrid, 1992.
— *Convenios, Resoluciones y Recomendaciones del Consejo de Europa en Materia Social*, Madrid, 1992.
— *Convergencia de políticas sociales*, Madrid, 1993, págs. 265.
— *Los sistemas de Seguridad Social y el Mercado Único Europeo*, Madrid, 1993.

MONASTERIO ESCUDERO, Carlos, «La financiación de la Seguridad Social en el marco de un sector público europeo», en la revista *Papeles de Economía Española*, núm. 41, 1989.

MONEREO PÉREZ, J. L., «Carta comunitaria cíe derechos sociales fundamentales de los trabajadores (I)», en *Civitas. Rev. Española de Derecho del Trabajo*, núm. 56, 1992.

MONTERO HITA, Federico, «Convergencia europea y financiación del gasto sanitario», en *Presupuesto y Gasto Público*, 10/1993, págs. 23-38.

MONTORO, M. J., «Integración europea y creación del Derecho», en *Rev. de Admón. Pública*, núm. 128/1992.

MONTOYA MELGAR, Alfredo, y otros, *Instituciones de Derecho social Europeo*, Madrid, Tecnos, 1988.

MUÑOZ ALVAREZ, Guadalupe, *La Seguridad Social de las Comunidades Europeas (legislación, comentarios y jurisprudencia)*, Pamplona, ed. Aranzadi, 1992.

MUÑOZ MACHADO, Santiago, «Los principios generales del procedimiento administrativo comunitario y la reforma de la legislación básica española», en *Civitas. Rev. Española de Derecho Administrativo*, núm. 75/1992.

NAGEL, S. G., «Las actividades del Consejo de Europa en materia de Seguridad Social», en *Revista de Seguridad Social*, núm. 39/1988.
— «Las conferencias de los ministros responsables de la Seguridad Social», en *Revista de Seguridad Social*, núm. 39/1988.
— «Protección social e ingresos mínimos garantizados. Resumen de algunos programas gubernamentales en Europa», en *Los sistemas de Seguridad Social y las nuevas realidades sociales*, Madrid, ed. Ministerio de Trabajo y Seguridad Social, 1992.

NAVARRO FERNANDEZ, C., y otros, «Las políticas familiares en Europa. Especial referencia a España. Anexo», en *Presupuesto y Gasto Público*, 7/1992, págs. 57-82.

NEBOT LOZANO, Mª Lidón, «La Carta Social Europea», en *Revista de Seguridad Social*, núm. 14, 1982.
— «Directiva del Consejo relativa a la igualdad de trato entre hombres y mujeres que ejerzan una actividad autónoma, incluidas las actividades agrícolas, así como sobre protección de la maternidad», en la revista *Noticias CEE*, núm. 36, 1988.

NUÑO RUBIO, J. L., «Los reglamentos comunitarios y las prestaciones por vejez y supervivencia de la Seguridad Social española», en *La Seguridad Social española y la adhesión a las Comunidades Europeas. Problemas de armonización y coordinación*, Madrid, 1981.
— «Seguridad Social de emigrantes españoles a países CEE: Resoluciones anteriores a la fecha de adhesión de España en materia de pensiones y su revisión al amparo del Reglamento 1408/71», en *Revista de Seguridad Social*, núm. 30, 1986.
— «Seguridad Social: causas más generales de revisión de resolu-

ciones al amparo de los artículos 94 y 95 del Reglamento 1408/71», en *Noticias CEE*, núm. 36, 1988.

OJEDA AVILES, A., *Las pensiones de invalidez y vejez en la Unión Europea*, Madrid, ed. Trotta, 1994.

ORDEIG FOS, J. M., «La Seguridad Social en la CEE», en la revista *Tribuna Social*, núm. 22/1992.
— *El sistema español de Seguridad Social (y el de la Comunidad Europea)*, Madrid, Edersa, 1993, 615 págs.

ORTIZ ARCE DE LA FUENTE, A., «La extranjería no comunitaria en el marco de la Comunidad Económica Europea», en *Revista del Centro de Estudios Constitucionales*, núm. 12/1992.

ORTIZ LALLANA, M. C., «Mercado Único y Europa Social. Límites y dificultades para una aproximación legislativa», en *Rev. de Trabajo y Seguridad Social*, núm. 5, 1992.

PANIAGUA REDONDO, Ramón, «La recepción, publicación y rango normativo de los tratados internacionales en el ordenamiento jurídico español», en *Revista Jurídica de Catalunya*, núm. 4, 1991.

PAPELES DE ECONOMIA ESPAÑOLA, *La nueva CEE. La perspectiva desde España*, núm. 25, 1985 (monográfico).

PASTOR LOPEZ, Miguel, «Los recursos prejudiciales planteados por España», en rev. *Noticias CEE*, núm. 82/1991.

PELIGERO ESCUDERO, P., y ROA CARRION, V., «La jurisprudencia del Tribunal de Justicia de las Comunidades Europeas en 1988», en *Revista de Seguridad Social*, núm. 40, 1988.

PEREDO LINACERO, J. A., «Aspectos sociales de la integración», en la revista *Papeles de Economía Española*, núm. 25, 1985.
— «La política social española en el contexto comunitario», en *Cuadernos de Trabajo Social*, 45/1991-1992, págs. 289-306.

PEREZ ALONSO, Mª. A., «La libre circulación de trabajadores y la protección de los derechos de Seguridad Social: a propósito de las modificaciones del Reglamento 1408-71, de 14 de Junio de 1992», en *Tribuna Social*, 36/1993, págs. 13-22.

PEREZ DE LOS COBOS, F., «El protocolo segundo del Tratado de la Unión Europea», en la revista *Tribuna Social*, núm. 42, jumo de 1994.

PEREZ DEL RIO, Teresa, «La dimensión social del Mercado Único Europeo», en *Civitas. Revista Española de Derecho del Trabajo*, núm. 47, 1991.

PEREZ MENAYO, Vicente, *Europa y la Seguridad Social*, Madrid, Fundación Universidad Empresa, 1990, 200 págs.

PERRIN, G., «La acción de la OIT en favor de la coordinación y de la armonización de las legislaciones de Seguridad Social», en *Armonización de la Seguridad Social en la CEE* (IEF), Madrid, 1975.

— «Los principios de la Seguridad Social internacional», en *La Seguridad Social española y la adhesión a las Comunidades Europeas. Problemas de armonización y coordinación*, Madrid, 1981,

— «La Seguridad Social ante la perspectiva del mercado interior único de la Co-munidad Económica Europea para el 31 de diciembre de 1992», en *Revista de Seguridad Social*, núm. 38, 1988.

— «El Convenio Europeo de Seguridad Social», en *Revista de Seguridad Social*, núm. 39/1988.

— «La Seguridad Social y la pobreza en los países desarrollados», en *Revista de Seguridad Social*, 41/1989, págs. 7-35.

PESO Y CALVO, C., *Regulación Internacional del Derecho del Trabajo*, Barcelona, ed. Bosch, 1958.

PIETERS, D., «Consecuencias del Mercado Único Europeo para los sistemas nacionales de Seguridad Social: ¿vamos hacia una armonización con vistas a 1993?», en *Los sistemas de Seguridad Social y las nuevas realidades sociales*, Madrid, ed. Ministerio de Trabajo y Seguridad Social, 1992.

— «La legislación de Seguridad Social europea y nacional: el horizonte de 1992», en *Los sistemas de Seguridad Social y el Mercado Único Europeo*, Madrid, ed. Ministerio de Trabajo y Seguridad Social,

1993.

PORTILLO, L., «El salario social en la Europa Comunitaria», en *Boletín Económico ICE*, núm. 2218/1990, págs. 429-436.

QUESADA POLO, Santiago, «Examen analítico del proyecto de Código Europeo de Seguridad Social», en *Revista de Seguridad Social*, núm. 39/1988.
— «El Consejo de Europa adopta el Código Europeo de Seguridad Social revisado», en *Rev. de Seguridad Social*, núm. 41, 1989.
— «Planteamiento y recomendaciones del Consejo de Europa sobre Seguridad Social y Renta Mínima», en *Documentación Social*, 78/1990, págs. 29-52.

OUILEZ FELEZ, Mª. T., y LOPEZ LOPEZ, M. T., «El gasto público en protección de la vejez y su comparación con los países de la Comunidad Europea», en *Presupuesto y Gasto Público*, 3/1991, págs. 183-195.

RAEPENBUSCH, Sean van, *La Seguridad Social de los trabajadores migrantes en el Derecho Europeo*, Madrid, Ministerio de Trabajo y Seguridad Social, 1992, 714 págs.

RAMIREZ MARTINEZ, J. M., «Las normas comunitarias en materia de Seguridad Social», en *Revista de Trevall*, núm. 18/1992.

REVISTA DE ECONOMIA Y SOCIOLOGIA DEL TRABAJO, *La Europa Social después de Maastricht*, núm. 17/1992.

RIOS RODRÍGUEZ, Ana, «Protección de la maternidad en la Comunidad Europea», en *Cuadernos de Trabajo Social*, 45/1991-992, págs. 161-174.

RITTER, G. A., *El Estado social, su origen y desarrollo en una comparación internacional* Madrid, Ministerio de Trabajo y Seguridad Social 1991, 299 págs.

ROA CARRION, V., y PELIGERO ESCUDERO, P., «Estudio de la evolución de la legislación española en relación con los Convenios de la Organización Internacional del Trabajo números 17, 42 y 157 durante el período comprendido entre el 1 de julio de 1985 y el 30 de junio de 1989, para los dos primeros, y el de 1 de julio de 1987 a 30 de junio de 1989 respecto del último Convenio citado», en *Revista de Seguridad Social*, núm. 38, 1988.

RODRÍGUEZ-PIÑERO, Miguel, *La Seguridad Social en ;os trabajadores migrantes en las Comunidades Europeas*, Madrid, Instituto de Estudios Laborales y de Seguridad Social, 1982.

— «La incidencia del establecimiento del Mercado Único Europeo en el Sistema de Seguridad Social español», en *Los Sistemas de Seguridad Social y el Mercado Único Europeo*, Madrid, ed. Ministerio de Trabajo y Seguridad Social 1993.

RODRIGUEZ-PINERO, M., CASAS BAAMONDE, Mª. E., y VALDES, F., «La incertidumbre de lo social en el Mercado Único», en la revista *Relaciones Laborales*, núm. 1, 1993.

ROJAS, M., «Derecho comunitario social y los trabajadores españoles en la República Federal de Alemania», en *Revista de Seguridad Social*, núm. 41, 1989.

— «Subsidio familiar íntegro desde 1986 por los hijos en España y Portugal, de los trabajadores españoles y portugueses empleados o parados en otro Estado miembro», en *Rev. de Trabajo y Seguridad Social* núm. 3, 1991.

— Prestaciones familiares de los emigrantes retornados a España, perceptores de pensión de vejez, invalidez por accidente laboral de otro Estado de la Comunidad», en *Rev. de Trabajo y Seguridad Social*, núm. 3, 1991.

— «Derecho comunitario social. Cuatro proyectos contra, la discriminación», en *Rev. de Trabajo y Seguridad Social* núm. 8, 1992.

ROJO DUQUE, L. A., «Problemas y perspectivas de financiación de la protección social en Europa», en *La financiación de la protección social La reforma financiera del sistema español de Seguridad Social en 1989*, Madrid, ed. Ministerio de Trabajo y Seguridad Social, 1991.

ROJO TORRECILLA, E., «La renta mínima en el contexto internacional», en *Documentación Social* 78/1990, págs. 149-160.

ROSEINGRAVE, T., «Enfoque y recomendaciones del Comité Económico y Social de la Comunidad Europea relativo a la renta mínima», en *Documentación Social*, 78/1990, págs. 125-237.

RUBIO LARA, Mª. Josefa, «La política social comunitaria y su incidencia en los Estados del Bienestar», en *Revista de la Facultad de Derecho de la Universidad Complutense*, 18/1994, págs. 163-169.

RYS, V., «La AISS y los instrumentos internacionales en materia de Seguridad Social», en *Revista de Seguridad Social*, núm. 49, 1989.

SALA FRANCO, Tomás, «La política comunitaria de armonización de la normativa en materia laboral», en *Revista de Treball*, 18/1992, págs. 9-25.

SALABERRY BARCIA, M. T., *La Seguridad Social en Iberoamérica*, Madrid, ed. Ciclos, por «Instituto de Estudios de Sanidad y Seguridad Social», 1980.

SAMPEDRO CORRAL, Mariano, «Regímenes de Seguridad Social en Europa», en *Revista ICADE*, núm. 6/1985.

SCHAMAELL, Winfried, «Seguros complementarios de vejez en Europa y en el Mercado Único Europeo», en *Revista de Seguridad Social*, núm., 38/1988,

SCHULTE, B., «Garantía de los derechos comunitarios de Seguridad Social: la Jurisprudencia del Tribunal de las Comunidades», en *La Seguridad Social española y la adhesión a las Comunidades Europeas. Problemas de armonización y coordinación*, Madrid, 1981.

SEGURA SANCHEZ, J., «Problemas de la protección social en una perspectiva comunitaria», en la revista *Papeles de Economía Española*, núm. 41, 1989.

TAMBURI, G., «Los sistemas de pensiones en la Europa de los 90», en *Los sistemas de Seguridad Social y las nuevas realidades sociales*, Madrid, ed. Ministerio de Trabajo y Seguridad Social, 1992.

TEJERINA ALONSO, J. I., y PEÑA ROSINO, P., «Instrumentos de armonización de las Comunidades Europeas y sus repercusiones en la Seguridad Social española», en *La Seguridad Social española y la adhesión a las Comunidades Europeas. Problemas de armoni-*

zación y coordinación, Madrid, 1981.

TEJERINA ALONSO, J. L, «La Directiva 79/7/CEE, de 19 de diciembre de 1978, relativa a la aplicación progresiva del principio de igualdad de trato entre hombres y mujeres en materia de Seguridad Social. Su incidencia en la legislación española», en *Noticias CEE*, núm. 36, 1988.

TESO GAMELLA, P., «La cuestión prejudicial prevista en el art. 177 del Tratado de la CEE. Especial referencia a la modalidad de interpretación», en *Actualidad Administrativa*, núm. 23/1992.

TRACY, M. B., «Edad para el otorgamiento de las pensiones de Seguridad Social: modelos de diez países industriales», en *Revista Internacional de Seguridad Social*, 4/1989, págs. 526-544.

TRAYTER JIMENEZ, J., «El efecto directo de las directivas comunitarias: el papel de la Administración y de los Jueces en su aplicación», en *Revista de Administración Pública*, núm. 125, 1991.

VALLEJO LOSETE, E., «La responsabilidad de los Estados por la violación de la normativa comunitaria», en *Gaceta Jurídica de la CE*, Boletín núm. 7, febrero 1992.

VANDAMME, J., «La política social comunitaria: balance y perspectivas», en *Información Comercial Española*, núm. 626, 1985.

VAN LANGENDOCK, P., «El papel de los sistemas de Seguridad Social en la creación del Mercado Único Europeo», en *Los sistemas de Seguridad Social y el Mercado Único Europeo*, Madrid, ed. Ministerio de Trabajo y Seguridad Social, 1993.

VAN RAEPENBUSCH, S., *La Seguridad Social de los trabajadores migrantes en el Derecho europeo*, Madrid, ed. Ministerio de Trabajo y Seguridad Social, 1992.

VELAZQUEZ FERNANDEZ, M., y LOPEZ R., Antonio, *Derecho Social de las Comunidades Europeas*, Madrid, ed. Tecnos, 1988.

VERDES LOPEZ-DIEGUEZ, Purificación, «El principio de igualdad de trato hombre-mujer en los regímenes profesionales de Seguridad Social», en *Noticias CEE*, núm. 36, 1988.

VILLA GIL, L. E., *Armonización de la Seguridad Social en la CEE*. Madrid, Instituto de Estudios Fiscales, 1975.

VOIRIN, M., «Situación actual, problemas y perspectivas de la coordinación de los sistemas de Seguridad Social en la CEE», en *La Seguridad Social española y la adhesión a las Comunidades Europeas. Problemas de armonización y coordinación*, Madrid, 1981.

— «Libre circulación de las personas entre los Estados miembros de la Comunidad Económica Europea: implicaciones prácticas para las instituciones de seguridad Social», en *Revista Internacional de Seguridad Social (AISS)*, 3/1992, págs. 59-74.

VVAA, *La Seguridad Social española y la adhesión a las Comunidades Europeas (Problemas de armonización y coordinación)*, Madrid, Instituto de Estudios de Sanidad y Seguridad Social, 1981.

— *Emigración y Mercado Común*, Madrid, 1985 (véase el «Informe Bibliográfico»).

— *Derecho comparado de Seguridad Social*, Madrid, 1986.

— *Derecho internacional privado de Seguridad Social*, Madrid, 1986.

ZUFIAUR, J. M., «Luces y sombras en la nueva dimensión social comunitaria», en *Revista de Economía y Sociología del Trabajo*, 17/1992, págs. 61-73.

APÉNDICE II

PRINCIPALES DISPOSICIONES DEL DERECHO INTERNACIONAL ESPAÑOL DE SEGURIDAD SOCIAL

RELACION ORDENADA DE CONVENIOS, ACUERDOS Y OTRAS NORMAS INTERNACIONALES DE SEGURIDAD SOCIAL APLICABLES EN ESPAÑA

I. DE NACIONES UNIDAS

A) **Normas que afectan a los derechos de Seguridad Sedal de los migrantes**

1. Convención de Ginebra sobre el Estatuto de los *Refugiados* (con anexo), de 28 de julio de 1951, y Protocolo de Nueva York sobre el Estatuto de los Refugiados, de 31 de enero de 1967 (*BOE* de 21 de octubre de 1978).
2. Convención de Nueva York sobre el Estatuto de los *Apátridas*, de 28 de septiembre de 1954.
3. Convenio de Viena sobre las *relaciones diplomáticas*, de 18 de abril de 1961 (*BOE* de 24 de enero de 1968).
4. Convenio de Viena sobre las *relaciones consulares*, de 24 de abril de 1963 (*BOE* de 6 de marzo de 1970).
5. Declaración sobre el progreso y el desarrollo social [Resolución núm. 2542 (XXIV), de 11 de diciembre de 1969].

B) **Disposiciones sobre derechos humanos que incluyen compromisos sobre Seguridad Social**

6. Declaración Universal de Derechos Humanos, de 10 de diciembre de 1948 (183ª. Asamblea General de la ONU).
7. Convención sobre eliminación de todas las formas de discriminación racial, de 21 de diciembre de 1965 (*BOE* de 17 de mayo de 1969).
8. Pacto Internacional de Derechos Económicos, Sociales y

Culturales, de 19 de diciembre de 1966 (*BOE* de 30 de abril de 1977).
9. Pacto Internacional de Derechos Civiles y Políticos, de 19 de diciembre de 1966 (*BOE* de 30 de abril de 1977).
10. Declaración sobre el progreso y el desarrollo social [Resolución núm. 2542 (XXIV), de 11 de diciembre de 1969].
11. Convención de Nueva York sobre la eliminación de todas las formas de discriminación contra la mujer, de 18 de diciembre de 1979 (*BOE* de 21 de marzo de 1984).

II. DE LA ORGANIZACIÓN INTERNACIONAL DEL TRABAJO

A) Normas sobre Seguridad Social de extranjeros y migrantes

a) Convenios específicos sobre Seguridad Social de extranjeros y migrantes

12. Número 19 (1925) sobre igualdad de trato (accidentes de trabajo) (*Gaceta* de 26 de mayo de 1928).
13. Número 48 (1935) sobre conservación de los derechos a pensión de los migrantes (*Gaceta* de 4 de junio de 1936).
14. Número 118 (1962) sobre igualdad de trato (Seguridad Social).
15. Número 157 (1982) sobre conservación de derechos en materia de Seguridad Social (*BOE* de 12 de noviembre de 1985).

b) Convenios sobre migrantes, con contenido de Seguridad Social parcial

16. Número 97 (1949) sobre los trabajadores migrantes (revisado) (*BOE* de 7 de junio de 1967).
17. Número 143 (1975) sobre los trabajadores migrantes (disposiciones complementarias).

c) Convenios de Seguridad Social que integran algunas disposiciones relativas a no nacionales
1.º De ámbito subjetivo general

18. Número 2 (1919) sobre el desempleo (Gaceta de 15 de julio

de 1922).
19. Número 3 (1919) sobre la protección de la maternidad (Gaceta de 15 de julio de 1922),
20. Número 44 (1934) de desempleo (*BOE* de 18 de mayo de 1972).
21. Número 102 (1952) sobre Seguridad Social (norma mínima) (*BOE* de 6 de octubre de 1988, corrección de errores en *BOE* de 8 de abril de 1989).
22. Número 103 (1952) sobre protección de la maternidad (revisado) (*BOE* de 31 de agosto de 19(56).
23. Número 121 (1964) sobre las prestaciones en caso de accidentes de trabajo y de enfermedades profesionales.
24. Número 130 (1969) sobre asistencia sanitaria y subsidios de enfermedad.

2.º *De ámbito subjetivo limitado*

25. Número 55 (1936) sobre las obligaciones del armador en caso de enfermedad o accidente de la gente del mar (*BOE* de 30 de noviembre de 1972).
26. Número 70 (1946) sobre la Seguridad Social de la gente del mar (*BOE* de 19 de diciembre de 1973).
27. Número 165 (1987) sobre la Seguridad Social de la gente de mar (revisado) (*BOE* de 27 de marzo de 1992).
28. Los Convenios números 35 a 40, de 1933, sobre seguros de vejez en la Industria y en la Agricultura, de Invalidez en la Industria y la Agricultura y de fallecimiento en la Industria y la. Agricultura se incluyen también, con referencia completa, en el apartado B) siguiente, sobre Momias de Seguridad Social Mínimas.

d) *Convenios de Seguridad Social que no contienen disposiciones específicas sobre la situación de los extranjeros, pero cuyas disposiciones no autorizan la exclusión de los no nacionales*
   (La mayoría de estos Convenios se incluyen también bajo el epígrafe siguiente, relativo a normas sobre Seguridad Social mínimas.)

1.º *De ámbito subjetivo general*

29. Número 17 (1925) sobre la reparación de los accidentes de trabajo (Gaceta de 26 de mayo de 1928).
30. Número 18 (1925) sobre las enfermedades profesionales (Gaceta de 14 de abril de 1932).
31. Número 42 (revisado) (1934) de las enfermedades profesionales (*BOE* de 22 de agosto de 1959).
32. Número 128 (1967) sobre las pensiones de invalidez, de vejez y de supervivientes.
33. Número 168 (1988) sobre la promoción del empleo y la protección contra el desempleo.

2.º *De ámbito subjetivo sectorial*

34. Número 8 (1920) sobre los subsidios de desempleo (naufragio) (Gaceta de 13 de mayo de 1924).
35. Número 12 (1921) sobre la reparación de los accidentes de trabajo (agricultura) (Gaceta de 11 de mayo de 1931).
36. Número 24 (1927) sobre el seguro de enfermedad (industria) (Gaceta de 14 de abril de 1932).
37. Número 25 (1927) sobre el seguro de enfermedad (agricultura) (Gaceta de 14 de abril de 1932).
38. Número 56 (1936) sobre el seguro de enfermedad de la gente de mar (*BOE* de 30 de noviembre de 1972)

B) **Normas sobre protección social mínima**

a) *Convenios de ámbito subjetivo general*

1.º *De ámbito objetivo general (todas las ramas de la Seguridad Social)*

39. Número 102 (1952) sobre Seguridad Social (norma mínima) (*BOE* de 6 de octubre de 1988, corrección de errores en *BOE* de 8 de abril de 1989).
40. Número 140 (1974) relativo a la licencia pagada de estudios (*BOE* de 31 de octubre de 1979).
41. Número 173 (1992) sobre la protección de los créditos laborales en caso de insolvencia del empleador.

2.º *Sobre desempleo y promoción del empleo*

42. Número 2 (1919) sobre el desempleo (Gaceta de 15 de julio de 1922).
43. Número 44 (1934) de desempleo (*BOE* de 18 de mayo de 1972).
44. Número 158 (1982) sobre la terminación de la relación de trabajo por iniciativa del empleador (*BOE* de 29 de junio de 1985).
45. Número 168 (1988) sobre la promoción del empleo y la protección contra el desempleo.

3.º *Sobre maternidad*

46. Número 3 (1919) sobre la protección, de la maternidad (Gaceta de 15 de julio de 1922), revisado por Convenio número 103.
47. Número 103 (1952) sobre protección de la maternidad (revisado) (*BOE* de 31 de agosto de 1966).

4.º *Sobre accidentes de trabajo y enfermedades profesionales*

48. Número 17 (1925) sobre la reparación de los accidentes de trabajo (Gaceta de 26 de mayo de 1928).
49. Número 18 (1925) sobre las enfermedades profesionales (Gaceta de 14 de abril de 1932). Revisado por Convenio número 42 de 1934.
50. Número 42 (revisado) (1934) de las enfermedades profesionales {*BOE* de 22 de agosto de 1959). Revisado por Convenio número 121, de 1964 (no ratificado por España).
51. Número 121 (1964) sobre las prestaciones en caso de accidentes de trabajo y de enfermedades profesionales.

5.º *Sobre asistencia sanitaria*

52. Número 130 (1969) sobre asistencia sanitaria y subsidios de enfermedad.

6.º *Sobre invalidez, vejez y supervivencia*

53. Número 128 (1967) sobre las prestaciones de invalidez, vejez

y sobrevivientes.
54. Número 159 (1983) sobre la readaptación profesional y el empleo de personas inválidas (ratificación por España registrada el 2 de agosto de 1990).

7.º *Sobre protección a la familia*

55. Número 156 (1981) sobre igualdad de oportunidades y de trato entre trabajadores y trabajadoras: trabajadores con responsabilidades familiares (*BOE* de 12 de noviembre de 1985).

b) *Convenios de ámbito subjetivo sectorial*

1.º *Industria (y similar)*

56. Número 24 (1927) sobre el seguro de enfermedad (industria) (*Gaceta* de 14 de abril de 1932).
57. Números 35, 37 y 39 (1933) (no ratificados por España, pero que han sido suplidos y mejorados por el Convenio núm. 102, sí ratificado).

2.º *Agricultura*

58. Números 36, 38, y 40 (1933) (no ratificados, pero superados por el 102 que sí lio ha sido).
59. Número 12 (1921) sobre la reparación de los accidentes de trabajo (agricultura) (*Gaceta* de 11 de mayo de 1931).
60. Número 25 (1927) sobre el seguro de enfermedad (agricultura) (*Gaceta* de 14 de abril de 1932).

3.º *Gente de mar*

61. Número 8 (1920) sobre los subsidios de desempleo (naufragio) (*Gaceta* de 13 de mayo de 1924).
62. Número 55 (1936) sobre las obligaciones del armador en caso de enfermedad o accidente de la gente del mar (*BOE* de 30 de noviembre de 1972).
63. Número 56 (1936) sobre el seguro de enfermedad de la gente de mar (*BOE* de 30 de noviembre de 1972). (Convenio

denunciado por España como consecuencia de la ratificación del Convenio núm. 165. Está en vigor para los otros países que lo ratificaron: Argelia, Alemania, Bélgica, Bulgaria, Djibuti, Egipto, Eslovenia, Francia, Luxemburgo, México, Noruega, Panamá. Perú y Reino Unido.)

64. Número 70 (1946) sobre la Seguridad Social de la gente del mar (*BOE* de 19 de diciembre de 1973). (Convenio denunciado por España como consecuencia de la ratificación del Convenio núm. 165, Está en vigor para los otros países que lo ratificaron: Argelia, Francia, Países Bajos, Perú, Polonia y Reino Unido.)

65. Número 71 (1946) sobre las pensiones de la gente del mar.

66. Número 147 (1976) sobre las normas mínimas en la marina mercante (*BOE* de 18 de enero de 1982).

67. Número 164 (1987) sobre la protección de la salud y la asistencia médica (gente del mar) (ratificado por España el 3 de julio de 1990).

68. Número 165 (1987) sobre Seguridad Social de la gente de mar (revisado) (*BOE* de 27 de marzo de 1992).

III. DEL CONSEJO DE EUROPA

A) **Normas sobre Seguridad Social de extranjeros y migrantes**

a) *Convenios específicos sobre Seguridad Social de extranjeros y migrantes*

69. Acuerdo Provisional Europeo sobre los Regímenes de Seguridad Social relativos a la vejez, invalidez y los sobrevivientes, y Protocolo adicional, ambos de 11 de diciembre de 1953 (*BOE* de 21 de marzo de 1984).

70. Acuerdo provisional europeo sobre Seguridad Social, con exclusión de los regímenes de vejez, invalidez y supervivencia, y Protocolo Adicional; ambos de 11 de diciembre de 1953 (*BOE* de 8 de abril de 1987).

71. Convenio Europeo de Asistencia Social y Médica, y Protocolo adicional, ambos de 11 de diciembre de 1953 (*BOE* de 17 de diciembre de 1984).

72. Convenio Europeo de Seguridad Social, y Acuerdo complementario para la aplicación del mismo, ambos de 14 de di-

ciembre de 1972, (*BOE* de 12 de noviembre de 1986).
73. Arreglo, de 26 de mayo de 1988, para la aplicación del Acuerdo Europeo de 17 de octubre de 1980 relativo a la concesión de asistencia sanitaria a las personas en estancia temporal.

b) Convenios sobre trabajadores migrantes

74. Acuerdo Europeo sobre la colocación *au pair*, de 24 de noviembre de 1969 (*BOE* de 6 de septiembre de 1988).
75. Convenio Europeo relativo al estatuto jurídico del trabajador migrante (*BOE* de 18 de junio de 1983).

c) Otros Convenios que contienen algunas normas relativas a los derechos de Seguridad Social de los no nacionales

76. Carta Social Europea, de 18 de octubre de 1961; Protocolo adicional, de 5 de mayo de 1988, y Protocolo de enmienda, de 21 de octubre de 199L (Incluido también en Normas sobre protección social mínima.)
77. Código Europeo de Seguridad Social, y Protocolo adicional, de 16 de abril de 1964. (Incluido también en apartado relativo a Normas de protección social mínima.)
78. Código Europeo de Seguridad Social (revisado) (1990). (Incluidos también en el siguiente apartado, sobre Normas de protección social mínima.)

B) Normas sobre protección social mínima

79. Carta Social Europea, de 18 de octubre de 1961 (*BOE* de 26 de junio de 1980).
80. Protocolo Adicional a la Carta Social Europea, de 5 de mayo de 1988, firmado por España en esa misma fecha, pero aún no ratificado; entró en vigor el 4 de septiembre de 1992.
81. Protocolo de enmienda de la Carta Social Europea, de 21 de octubre de 1991 (firmado por España en esa fecha, pero aún no ratificado; no ha entrado en vigor todavía).
82. Código Europeo de Seguridad Social, y Protocolo adicional, ambos de 16 de abril de 1964 (España suscribió el Código el 12 de febrero de 1993, pero aún no lo ha ratificado; no ha

suscrito el Protocolo adicional).
83. Convenio Europeo sobre la protección social de los agricultores, de 6 de mayo de 1974, ratificado por España el 9 de diciembre de 1987.
84. Código Europeo de Seguridad Social (revisado) (1990).

IV. DE LA UNIÓN EUROPEA

A) **Normas fundamentales**

85. Tratado de 1a Unión Europea (texto consolidado)
86. Carta comunitaria de los Derechos Sociales Fundamentales de los Trabajadores.

B) **Normas sobre Seguridad Social de extranjeros y migrantes**

a) *Reglamentos específicos sobre Seguridad Social de migrantes*

87. *Reglamento (CEE) número 1408/* del Consejo, de 14 de junio de 1971, relativo a la aplicación de los regímenes de Seguridad Social a los trabajadores por cuenta ajena, los trabajadores por cuenta propia y los miembros de sus familias que se desplazan dentro de la Comunidad (actualizado).
88. Versión consolidada (*DOCE* núm. C 325, de 10 de diciembre de 1992),
89. *Reglamento (CEE)* número 1945/93 el Consejo, de 30 de junio de 1993 (*DOCE* núm. L 181, de 23 de julio de 1993).
90. *Reglamento (CEE)* número 574/72 del Consejo, de 21 de marzo de 1972, por el que se establecen las modalidades de aplicación del Reglamento (*CEE*) número 1408/71 (actualizado).
91. Versión consolidada (*DOCE* núm. C 325, de 10 de diciembre de 1992).
92. *Reglamento (CEE)* número 1945/93 del Consejo, de 30 de junio de 1993 (*DOCE* núm. L 181, de 23 de julio de 1993).

b) *Acuerdos bilaterales relativos a la aplicación de algunas disposiciones de los reglamentos de la Comunidad Europea*

93. Acuerdo administrativo entre el Ministerio de Trabajo y Seguridad Social del Reino de España y el Ministerio Federal de Trabajo y Ordenación Social de Alemania, de 25 de junio de 1990, sobre reembolso de gastos de prestaciones sanitarias (*BOE* de 5 de diciembre de 1990) (en vigor desde 1 de enero de 1986, excepto el art. 1, que entró en vigor el 1 de enero de 1990).

94. Acuerdo administrativo entre las autoridades competentes de España y Dinamarca, de I de julio de 1990, sobre reembolso de gastos de prestaciones en especie del Seguro de Enfermedad (*BOE* de 5 de diciembre de 1990).

c) *Disposiciones sobre libre circulación de trabajadores*

95. *Reglamento* (*CEE*) número 1612/68 del Consejo, de 15 de octubre de 1968, relativo a la libre circulación de los trabajadores dentro de la Comunidad (*DOCE* núm. L 257, de 1.9 de octubre de 1968): en particular, artículo 7.2 («ventajas sociales»).

d) *Disposiciones sobre sectores específicos de migrantes*

96. Recomendación de la Comisión (85/64/CEE), de 20 de diciembre de 1984, sobre un acuerdo europeo del Consejo de Europa relativo a la colocación *au pair* (*DOCE* núm. L24, 29 de enero de 1985).

97. Recomendación del Consejo (85/308/CEE), de 13 de junio de 1985, sobre la protección social de los voluntarios para el desarrollo (*DOCE* núm. L 163, de 22 de jumo de 1985).

C) **Normas armonizadoras de Seguridad Social**

a) *Disposiciones generales sobre armonización*

98. Recomendación del Consejo, de 24 de junio de 1992 (92/441/CEE), sobre los criterios comunes relativos a recursos y prestaciones suficientes en los sistemas de protección social (*DOCE* núm. L 245, de 26 de agosto de 1992).

99. Recomendación del Consejo, de 27 de julio de 1992 (92/442/CEE), relativa a la convergencia de los objetivos y de las políticas de protección social.
100. Dictamen de la Comisión, de 1 de septiembre de 1993 (93/C 248/04), sobre una retribución equitativa (DOCE núm. C 248, de 11 de septiembre de 1993).

b) Disposiciones sobre igualdad de trato entre hombres y mujeres y sobre protección de la maternidad

101. Directiva del Consejo, de 10 de febrero de 1975 (75/117/CEE), relativa a la aproximación de las legislaciones de los Estados miembros que se refieren a la aplicación del principio de igualdad de retribución entre los trabajadores masculinos y femeninos.
102. Directiva del Consejo, de 9 de febrero de 1975 (76/207/CEE), relativa a la aplicación del principio de igualdad de trato entre hombres y mujeres en lo que se refiere al acceso al empleo, a la formación y a la promoción profesionales, y a las condiciones de trabajo.
103. Directiva del Consejo, de 19 de diciembre de 1978 (79/7/CEE), relativa a la aplicación progresiva del principio de igualdad de trato entre hombres y mujeres en materia de Seguridad Social.
104. Directiva del Consejo, de 24 de julio de 1986 (86/378/CEE), relativa a la aplicación del principio de igualdad de trato entre hombres y mujeres en los regímenes profesionales de Seguridad Social.
105. Directiva del Consejo, de 11 de diciembre de 1986 (86/613/CEE), relativa a la aplicación del principio de igualdad de trato entre hombres y mujeres que ejerzan una actividad autónoma, incluidas las actividades agrícolas, así como la protección de la maternidad.
106. Directiva del Consejo, de 19 de octubre de 1992 (92/85/CEE) relativa a la aplicación de medidas para promover la mejora de la seguridad y de la salud en el trabajo de 1a. trabajadora embarazada, que haya dado a luz o en período de lactancia (10.ª Directiva específica con arreglo al apartado 1 del artículo 16 de la Directiva 89/391/CEE).

c) *Disposiciones sobre protección de los derechos de los trabajadores en ciertos casos relacionados con la vida de la empresa*

107. Directiva del Consejo (77/187/CEE), de 14 de febrero de 1977, sobre la aproximación de las legislaciones de los Estados miembros relativas al mantenimiento de los derechos de los trabajadores en caso de traspasos de empresas, de centros de actividad o de parte de centros de actividad (*DOCE* núm. L 61, de 5 de marzo de 1977).
108. Directiva del Consejo (80/987/CEE), de 20 de octubre de 1980, sobre Ja aproximación de las legislaciones de los Estados miembros relativas a la protección de los trabajadores asalariados en caso de insolvencia del empresario (*DOCE* núm. L 283, de 28 de octubre de 1980).

d) *Disposiciones sobre ciertas ramas de la Seguridad Social*

1.º *Enfermedades profesionales*

109. Recomendación de la Comisión, de 23 de julio de 1962, a los Estados miembros relativa a la adopción de una lista europea de enfermedades profesionales (*DOCE* de 31 de agosto de 1962, pág. 2188).
110. Recomendación de la Comisión (66/462/CEE), de 20 de julio de 1966, a los Estados miembros referente a las condiciones de indemnización, de las víctimas de enfermedades profesionales (*DOCE* de 9 de agosto de 1966, pág. 2696).
111. Recomendación de la comisión (90/326/CEE), de 22 de mayo de 1990, relativa a la adopción de una lista europea de enfermedades profesionales (*DOCE* núm. L 160, de 26 de junio de 1990).

2.º *Vejez*

112. Recomendación del Consejo (82/857/CEE), de 10 de diciembre de 1982, relativa a los principios de una política comunitaria sobre la edad de jubilación (*DOCE* núm. L 357, de 18 de diciembre de 1982).
113. Decisión del Consejo (91/49/CEE), de 26 de noviembre de 1990, relativa a acciones comunitarias en favor de las personas de edad avanzada (*DOCE* núm. L 28, de 2 de febrero de

1991).

e) *Disposiciones relativas a determinadas políticas comunitarias*

114. Reglamento (CEE) número 2079/92 del Consejo, de 30 de junio de 1992, por el que se establece un régimen comunitario de ayudas a la *jubilación anticipada* en la agricultura (*DOCE* núm. L 215, de 3 de julio de 1992).
115. Reglamento (CEE) número 2061/93 de la Comisión, de 27 de julio de 1993, relativo a las disposiciones de seguimiento financiero de los programas aprobados en virtud del Reglamento (CEE) número 2079/92 del Consejo.
116. Reglamento (CEE) número 3730/87 del Consejo, de 10 de diciembre de 1987, por el que se establecen las normas generales aplicables al *suministro* a determinadas organizaciones de *alimentos* procedentes de existencias de intervención y destinados a ser distribuidos a las *personas más necesitadas* de la Comunidad (*DOCE* núm. L 352, de 15 de diciembre de 1987).
117. Reglamento (CEE) número 3149/92 de la Comisión, de 29 de octubre de 1992, por el que se establecen las disposiciones de aplicación para el suministro de alimentos procedentes de las existencias de intervención en beneficio de las personas más necesitadas de la Comunidad (modificado por reglamento 3550/92, *DOCE* núm. L 361. de 10 de diciembre de 1992).
118. Decisión de la Comisión 92/534/CEE, de 17 de noviembre de 1992, por la que se adopta el plan para 1993 que establece la asignación, a los Estados miembros de recursos imputables al ejercicio presupuestario de 1993 para el suministro de alimentos procedentes de las existencias de intervención en beneficio de las personas más necesitadas de la Comunidad (*DOCE* núm. L 341, de 24 de noviembre de 1992).

D) **Tratados suscritos por la Comunidad Europea con terceros Estados**

a) *Acuerdo sobre el Espacio Económico Europeo (EEE) y Acuerdos con Suiza y con San Marino*

119. Acuerdo EEE (CEE-AELE), firmado el 2 de mayo de 1992 y modificado por el Protocolo de 17 de marzo de 1993 (en vigor desde 1 de enero de 1994).
120. Acuerdo CEE-Suiza (en negociación).
121. Acuerdo de cooperación y de unión aduanera entre la Comunidad Económica Europea y la República de San Marino (firmado el 16 de diciembre de 1991).

b)   *Acuerdo con Turquía*

122. Acuerdo de asociación entre la CEE y Turquía (*DOCE* 217, de 29 de diciembre de 1964).
123. Protocolo adicional al acuerdo con *Turquía* (en vigor desde el 1 de enero de 1973) (DOCE núm. L 293, de 29 de diciembre de 1972).
124. Decisión 3/1980, de 19 de diciembre de 1980, del Consejo, de Asociación CEE-*Turquía* relativa a la aplicación de los regímenes de Seguridad Social de los Estados miembros de las CEE a los trabajadores turcos y a los miembros de sus familias (*DOCE* núm. C 110, de 25 de abril de 1983).

c)   *Acuerdos con los países del Magreb (Marruecos, Túnez y Argelia)*

125. Acuerdo de cooperación entre la CEE y el reino de *Marruecos*, firmado el 27 de abril de 1976 y adoptado por el Reglamento (CEE) número 2211/78 del Consejo, de 26 de septiembre de 1978 (*DOCE* núm. L 264, de 27 de septiembre de 1978).
126. Acuerdo de cooperación de la CEE con *Túnez* (*DOCE* núm. L 265, de 27 de septiembre de 1978).
127. Acuerdo de cooperación de la CEE con *Argelia* (*DOCE* núm. L 263, de 27 de septiembre de 1978).

d)   *Convenio con los países ACP (África, Caribe, Pacífico)*

128. Cuarto Convenio ACEP-CEE, adoptado por Decisión del Consejo y de la Comisión, de 25 de febrero de 1991 (91/400/CEE); Acta Final; Información relativa a la entrada en vigor del Convenio (91/401/CEE); Acuerdo interno relativo a las medidas y a los procedimientos relativos a la apli-

cación del Convenio (*DOCE* núm. L 229, de 17 de agosto de 1991).

e) *Acuerdos con determinados países de Europa del este (Polonia, Hungría, República Checa, República Eslovaca, Rumania y Bulgaria)*

129. Acuerdo europeo por el que se crea una asociación entre las Comunidades Europeas y sus Estados miembros, por una parte, y la República de Polonia, por otra, firmado el 16 de diciembre de 1991.
130. Acuerdo europeo por el que se crea una asociación entre las Comunidades Europeas y sus Estados miembros, por una parte, y la República de Hungría, por otra, firmado el 16 de diciembre de 1991.
131. Acuerdo europeo por el que se crea una asociación entre las comunidades Europeas y sus Estados miembros, por una parte, y la República Checa, por otra, firmado el 4 de octubre de 1993.
132. Acuerdo europeo por el que se crea una asociación entre las Comunidades Europeas y sus Estados miembros, por una parte, y la República Eslovaca, por otra, firmado el 4 de octubre de 1993.
133. Acuerdo europeo por el que se crea una asociación, entre las Comunidades Europeas y sus Estados miembros, por una parte, y Rumania, por otra, firmado el 1 de febrero de 1993.
134. Acuerdo europeo por el que se crea una asociación entre las Comunidades Europeas y sus Estados miembros, por una parte, y la República de Bulgaria, por otra, firmado el 8 de marzo de 1993.

f) *Acuerdos con otros países de Europa del Este (Eslovenia, Albania, Estonia, Letanía, Lituania, etc.; ex-Yugoslavia)*

V. OTROS CONVENIOS Y ACUERDOS MULTILATERALES DE SEGURIDAD SOCIAL

A) **Convenios de Seguridad Social de ámbito europeo**

135. Convenio europeo relativo a la Seguridad Social de los *traba-*

jadores de los transportes internacionales, de 9 de julio de 1956 (ONU: *Recueil des Traités*, vol. 314, 1958, núm. 4539) (en vigor desde 1 de octubre de 1959).

136. Acuerdo administrativo relativo a las modalidades de aplicación del convenio europeo, de 9 de julio de 1956, sobre la Seguridad Social de los trabajadores de los transportes internacionales (BIT: *Bulletin Officiel*, 1959, vol. XVII, núm. 5).

137. Acuerdo europeo sobre la concesión, *de asistencia médica a personas en estancia temporal*, de 17 de octubre de 1980 (BIT: *Bulletin Officiel*, 1981, vol. LXIV, serie A, núm. 1) (en vigor desde 1 de febrero de 1983).

B) **Convenios de la Organización Iberoamericana de Seguridad Social**

138. Convenio entre las instituciones iberoamericanas de Seguridad Social relativo a la concesión de ciertas prestaciones y al mantenimiento de los derechos de los trabajadores migrantes, de 29 de noviembre de 1958 (*Revista Iberoamericana de Seguridad Social*, noviembre 1958, núm. 6).

139. Convenio Iberoamericano de Cooperación en Seguridad Social, de 26 de enero de 1978 (*BOE* de 16 de agosto de 1982).

140. Convenio Iberoamericano de Seguridad Social, de 26 de enero de 1978 (*BOE* de 17 de agosto de 1982).

141. Tratado constitutivo de la Comunidad Iberoamericana, de Seguridad Social, de 17 de marzo de 1982 (*BOE* de 13 de diciembre de 1985).

C) **Convenios trilaterales de Seguridad Social**

142. Convenio entre los Gobiernos del Estado Español, de la República Federal de Alemania y de la República Francesa, relativo a la extensión de ciertas disposiciones de Seguridad Social, de 1 de marzo de 1977 (*BOE* de 27 de enero de 1979).

143. Convenio entre los Gobiernos de España, de la República Francesa y de la República Portuguesa, relativo a la extensión del beneficio de determinadas disposiciones de los Convenios de Seguridad Social, concertados entre dos de di-

chos Estados, a los nacionales del tercer Estado, de 10 de noviembre de 1982 (*BOE* de 5 de agosto de 1984).

VI. CONVENIOS Y ACUERDOS BILATERALES DE SEGURIDAD SOCIAL SUSCRITOS POR ESPAÑA

144. Convenio sobre aplicación de la Seguridad Social a los trabajadores españoles y andorranos de 14 de abril de 1978 (*BOE* del 20 de julio).
145. Acuerdo Administrativo para la aplicación del Convenio de Seguridad Social entre España y Andorra de 14 de abril, de 1978 (*BOE* del 20 de julio),
146. Convenio sobre Seguridad Social entre España y la República Argentina de 28 de abril de 1966 (*BOE* de 16 de septiembre de 1967).
147. Acuerdo Administrativo para la aplicación del Convenio de Seguridad Social entre España y la República Argentina de 28 de abril de 1966 (*BOE* de 10 de noviembre de 1967).
148. Acuerdo Complementario del Convenio de Seguridad Social entre España y a República Argentina de 21 de abril de 1969 (*BOE* del 5 de julio).
149. Convenio entre España y Australia sobre Seguridad Social de 10 de febrero de 1990 (*BOE* del 11 de junio de 1961).
150. Acuerdo Administrativo para la aplicación del Convenio de Seguridad Social entre España y Australia de 10 de febrero de 1990 (*BOE* del 11 de junio de 1991).
151. Convenio de Seguridad Social entre los Gobiernos de España y de la República Federativa del Brasil de 25 de abril de 1969 (*BOE* de 12 de agosto de 1971) (Modificado por Protocolo Adicional de 5 de marzo de 1980).
152. Protocolo Adicional de Convenio de Seguridad Social hispano-brasileño de 5   de marzo de 1980 (*BOE* de 2 de febrero de 1982),
153. Acuerdo Administrativo para la aplicación del Protocolo Adicional del Convenio Hispano-Brasileño sobre Seguridad Social de 5 de noviembre de 1981 (*BOE* de 26 de febrero de 1982).
154. Convenio de Seguridad Social entre España y Canadá de 10 de noviembre de 1986 (*BOE* de 1 de diciembre de 1987).

155. Acuerdo Administrativo sobre Seguridad Social entre España y Canadá de 10 de noviembre de 1986 (*BOE* de 1 de diciembre de 1987).
156. Convenio de Seguridad Social entre el Gobierno de la República de Chile y el Gobierno del Estado Español de 9 de marzo de 1977 (*BOE* de 31 de julio de 1980).
157. Acuerdo administrativo para la aplicación del Convenio Hispano-chile no de Seguridad Social de 25 de mayo de 1982 (*BOE* de 14 de junio de 1982).
158. Convenio General sobre Seguridad Social entre España y Ecuador de 1 de abril de 1960 (*BOE* de 23 de octubre de 1962).
159. Convenio Adicional al Convenio de Seguridad Social Hispano-Ecuatoriano de 8 de mayo de 1974 (*BOE* de 29 de julio de 1975).
160. Acuerdo Administrativo para la aplicación del Convenio Hispano-Ecuatoriano de Seguridad Social de 5 de diciembre de 1986 (*BOE* de 13 de abril de 1988).
161. Resolución de la Dirección General de Previsión por la que se dictan normas para la aplicación del Acuerdo sobre reciprocidad en materia de Seguridad Social entre los Estados Unidos de América y España de 21 de octubre de 1966 (*BOE* de 29 de octubre).
162. Convenio sobre Seguridad Social, entre España y los Estados Unidos de América de 30 de septiembre de 1986 (*BOE* de 29 de marzo de 1988).
163. Acuerdo Administrativo para la aplicación del Convenio sobre Seguridad Social entre España y los Estados Unidos de América de 30 de septiembre de 1986 (*BOE* de 29 de marzo de 1988).
164. Convenio de Seguridad Social entre España y Filipinas de 20 de mayo de 1988 (*BOE* de 11 de octubre de 1989).
165. Acuerdo Administrativo para la aplicación del Convenio de Seguridad Social entre España y Filipinas de 21 de mayo de 1991.
166. Convenio de Seguridad Social entre España y el Reino de Marruecos de 6 de noviembre de 1979 (*BOE* de 13 de octubre de 1982).
167. Acuerdo Administrativo y Protocolo Adicional al Convenio sobre Seguridad Social hispano-marroquí de 8 de febrero de

1984 (*BOE* de 10 de junio de 1985).
168. Acuerdo sobre Transferencias de pensiones entre el Gobierno de España y el Gobierno de los Estados Unidos Mexicanos de 7 de noviembre de 1979 (*BOE* de 5 de febrero de 1981).
169. Acuerdo Administrativo de Seguridad Social entre el Gobierno de España y el Gobierno de Panamá y Canje de Notas de 8 de marzo de 1978 (*BOE* de 3 de mayo de 1980).
170. Convenio General sobre Seguridad Social entre España y Paraguay de 25 de junio de 1959 (*BOE* de 18 de abril de 1960).
171. Convenio Complementario al Convenio de Seguridad Social entre España y Paraguay de 2 de mayo de 1972 (*BOE* de 4 de octubre de 1974).
172. Acuerdo Administrativo para la aplicación de los Convenios de Seguridad Social Hispano-Paraguayos de 19 de julio de 1975 (*BOE* de 6 de septiembre de 1975).
173. Convenio de Seguridad Social entre España y Perú de 24 de julio de 1974 (*BOE* de 2 de septiembre de 1969).
174. Acuerdo Administrativo Hispano-Peruano de Seguridad Social de 24 de noviembre de 1978 (*BOE* de 12 de junio de 1.985).
175. Convenio y Protocolo final entre el Gobierno español y el gobierno del Consejo Federal suizo sobre Seguridad Social de 13 de octubre de 1969 (*BOE* de 1 de septiembre de 1970).
176. Protocolo Final relativo al Convenio de Seguridad Social entre España y Suiza de 10 de junio de 1970.
177. Acuerdo Administrativo para la aplicación del Convenio de Seguridad Social entre España y Suiza de 13 de octubre de 1969 y el Protocolo Adicional de 11 de junio de 1982, de 19 de abril de 1990 (*BOE* de 29 de enero- de 1991).
178. Acuerdo Administrativo Hispano-Uruguayo de Seguridad Social de 21 de junio de 1979 (*BOE* de 5 de noviembre de 1979).
179. Normas de Desarrollo para la aplicación del Acuerdo Administrativo Hispano-Uruguayo de Seguridad Social de 1 de diciembre de 1979 (*BOE* de 12 de noviembre de 1982).
180. Convenio de Seguridad Social entre España y Venezuela de 15 de mayo de 1988 (*BOE* de 7 de julio de 1990).

181. Acuerdo Administrativo para la aplicación del Convenio de Seguridad Social entre España y Venezuela de 5 de mayo de 1989 (*BOE* de 7 de julio de 1990).

VII. NORMAS INTERNAS ESPAÑOLAS SOBRE SEGURIDAD SOCIAL DE EXTRANJEROS Y MIGRANTES

182. Ley 33/1971, de 21 de julio, de Emigración.
183. Resolución de 15 de abril de 1968, de la Dirección General, de Previsión, sobre equiparación de trabajadores extranjeros a los españoles a efectos de su inclusión en el campo de aplicación de la Seguridad Social (*BOE* de 6 de mayo de 1968).
184. Decreto 1075/1970, de 9 de abril, sobre asistencia sanitaria a los trabajadores españoles emigrantes y a los familiares de los mismos residentes en territorio nacional (*BOE* de 15 de abril de 1970).
185. Orden de 10 de junio de 1970, sobre desarrollo del Decreto 1075/1970, de 9 de abril, de asistencia sanitaria a emigrantes y a sus familiares en España (*BOE* de 20 de junio de 1970).
186. Resolución de 21 de marzo de 1974, de la Dirección General de Seguridad Social, sobre conservación del derecho a asistencia sanitaria de emigrantes y sus familias (*BOE* de 3 de abril de 1974).
187. Real Decreto 2805/1979, de 7 de diciembre, por la que se incluye en el campo de aplicación del Régimen General de la Seguridad Social a los españoles no residentes en el territorio nacional que ostenten la condición de funcionarios o empleados de Organizaciones internacionales intergubernamentales (*BOE* de 15 de diciembre de 1979).
188. Orden de 14 de febrero de 1980, por la que se dictan normas de aplicación y desarrollo del Real Decreto 2805/1979, de 7 de diciembre (*BOE* de 7 de marzo de 1980).
189. Orden de 5 de mayo de 1980, sobre asistencia sanitaria de españoles pensionistas de la Seguridad Social suiza que trasladen su residencia a España (*BOE* de 8 de mayo de 1980).
190. Orden de 18 de febrero de 1981, por la que se establece Convenio en materia de asistencia sanitaria en el Régimen General de la Seguridad Social en favor de los españoles emigrantes que retornen al territorio nacional (*BOE* de 26 de

febrero de 1981).
191. Resolución de I de junio de 1981, sobre instrucciones para la aplicación de la Orden de 18 de febrero de 1981, sobre asistencia sanitaria a emigrantes que retornen (*BOE* de 22 de junio de 1981).
192. Real Decreto 2234/1981, de 20 de agosto, por el que se regula la Seguridad Social del personal al servicio de la Administración Pública en el extranjero (*BOE* de 6 de octubre de 1981).
193. Orden de 27 de enero de 1982, por la que se regula la situación asimilada a la de alta en el Régimen General de la Seguridad Social de los trabajadores trasladados al extranjero al servicio de empresas españolas (*BOE* de 16 de febrero de 1982).
194. Orden de 8 de junio de 1982, por la que se dictan normas de aplicación y desarrollo del Real Decreto 2234/1981, de 20 de agosto (*BOE* de 19 de junio de 1982).
195. Ley 5/1984, de 26 de marzo, sobre derecho de asilo y de la condición de refugiado (*BOE* de 27 de marzo).
196. Real Decreto 996/1986, de 25 de abril, por el que se regula la suscripción de Convenio Especial de los emigrantes e hijos de emigrantes (*BOE* de 26 de mayo de 1986).
197. Resolución de 20 de agosto de 1986, de la Secretaría de Estado para la Seguridad Social, sobre asistencia sanitaria a emigrantes pensionistas y sus familiares en desplazamientos temporales a España (*BOE* de 30 de agosto de 1986).
198. Orden de 28 de julio de 1987, por el que se desarrolla el Real Decreto 996/1986, de 25 de abril (*BOE* de 11 de agosto de 1987).
199. Orden de 1 de junio de 1988, por la que se autoriza a la Tesorería General de la Seguridad Social a suscribir con las Cortes Generales un Convenio especial con objeto de incluir en el campo de aplicación del Régimen General de la Seguridad Social a los españoles que ostenten la condición de Diputados al Parlamento Europeo.
200. Real Decreto 1521/1991, de 11 de octubre, sobre creación, competencias y funcionamiento de las Oficinas de Extranjeros (*BOE* del día 26).
201. Oficio-circular INSS número 4/92, de 6 de febrero, sobre aplicación de la Disposición Transitoria primera, 9, de la

Orden de 18 de enero de 1967 a los trabajadores que acrediten cotizaciones a la Caja de Seguros Sociales de Guinea (SESOGUI) (BÍNSS de febrero de 1992).
202. Real Decreto 511/1992, de 14 de mayo, por el que se crea la Comisión Interministerial de Extranjería (*BOE* del día 4).
203. Circular INSS número 2/1993, de 14 de enero, sobre procedimiento de pago de pensiones a residentes en el extranjero (BÍNSS de enero de 1993, págs. 321 y sigs.).
204. Real Decreto 426/1993, de 26 de marzo, por el que se regulan las Secciones de Asuntos Laborales y de Seguridad Social, de las Oficinas Consulares (*BOE* del día 14).
205. Orden de 12 de mayo de 1994 de desarrollo del Real Decreto 426/1993, de 26 de marzo, que regola las secciones de Asuntos Laborales y de Seguridad Social de las Oficinas Consulares (*BOE* del día 17).
206. Orden de 1 de julio de 1993, por la que se desarrolla el Decreto 728/1993, de 14 de mayo, de pensiones asistenciales en favor de emigrantes españoles (*BOE* del día 8).
207. Orden de 1 de julio de 1993, sobre procedimiento para la gestión y reconocimiento de prestaciones asistenciales en favor de emigrantes españoles (*BOE* del día 8).
208. Decisión de la Dirección General de Ordenación Jurídica y Entidades Colaboradoras de la Seguridad Social de 20 de julio de 1993, sobre condiciones para la atribución de asignaciones no contributivas por hijo a cargo a los extranjeros con residencia legal en España (transcrita en Instrucciones del Subdirector General de Gestión del INSS de 1 de octubre del mismo año; BINSS de octubre de 1993, pág. 138).
209. Circular INSS número 15/1993, de 8 de septiembre, sobre tramitación de facturas y reintegro de gastos de asistencia sanitaria prestada en territorio español con medios ajenos y no concertados, o concertados por servicios fuera de concierto (BINSS de septiembre de 1993).
210. Resolución de 15 de febrero de 1994, por la que se dictan instrucciones generales y de procedimiento sobre tramitación de visados para la reagrupación de familiares de extranjeros no nacionales de Estados miembros de la Unión Europea (*BOE* de 24 de febrero).
211. Orden de 16 de febrero de 1994, por la que se establecen y regulan los programas de actuación en favor de los emigran-

tes españoles (*BOE* del 1 de marzo).
212. Resolución de 18 de febrero de 1994, que dispone la publicación del Acuerdo del Consejo de Ministros de 12 de noviembre de 1993, sobre tramitación de visados para la reagrupación de familiares de extranjeros no nacionales de Estados miembros de la Unión Europea.
213. Circular número 5-013, de 9 de marzo de 1994, de la Tesorería General de la Seguridad Social, sobre cotización a aplicar a los sacerdotes de la Iglesia Católica desplazados a países extranjeros (BINSS de marzo de 1994).
214. Circular ISM número 11/1994, de 24 de marzo, sobre inclusión de trabajadores del mar extranjeros en el Régimen Especial de Seguridad Social de Trabajadores del Mar (BINSS de abril de 1994).
215. Circular INSERSO número 1-1-1994, de 25 de marzo, sobre procedimiento común para la concesión de ayudas a los residentes de los Centros de Acogida a Refugiados (BINSS de mayo de 1994).
216. Real Decreto 597/1994, de 8 de abril, sobre cauces de participación institucional de los españoles residentes en el extranjero {*BOE* del día 19).
217. Orden de 17 de mayo de 1994, por la que se declaran comprendidos en el Real Decreto 2805/1979, de 7 de diciembre, a los españoles residentes en España que prestan sus servicios para la Agencia Espacial Europea, y se abre un nuevo plazo para la suscripción de Convenio Especial con la Seguridad Social por los funcionarios de la Organización, de Estados Iberoamericanos para la Ciencia, la Educación y Ja Cultera, a que se refiere el Real Decreto 317/1985, de 6 de febrero (*BOE* del día 26).
218. Ley 9/1994, de 19 de mayo, de modificación de la Ley 5/1984, de 26 de marzo, reguladora del derecho de asilo y de la condición de refugiado (*BOE* del día 23).
219. Orden de 27 de junio de 1994, modificativa de la de 9 de enero de 1989, que desarrolla el Real Decreto 1339/1987, de 30 de octubre, por el que se constituye el Consejo General de la Emigración (*BOE* del día 4).
220. Orden de 27 de diciembre de 1994, por la que se establecen y regulan los programas de actuación en favor de los emigrantes españoles (*BOE* del 10 de enero de 1995).

SOBRE EL AUTOR

Bernardo Gonzalo González (1937-2013), hijo de Leónides Gonzalo Calavia y Concepción González Cotorruelo nace en Lugo en 1937 y es llevado pronto a Madrid, en 1939, al finalizar la guerra. Cursa el Bachillerato en el Instituto de San Isidro (1949-55), y la carrera de Derecho en la Universidad Central (1955-60). Más adelante se diploma en Sociología por la misma Universidad. Al terminar la carrera de Derecho ingresa por oposición en el Cuerpo Técnico de la Administración de la Seguridad Social. A lo largo de los años desempeña misiones de gran responsabilidad en diversos organismos del Ministerio de Trabajo. En calidad de delegado del gobierno español forma parte durante años de la Comisión de la Unión Europea que se ocupa de la Seguridad Social de Migrantes y del Comité Tripartito de Seguridad Social y Vicepresidente de la Comisión Técnica Permanente para los Estatutos Jurídicos e Institucionales de la misma. Fue miembro del Instituto Europeo de Seguridad Social y Secretario General del Instituto Iberoamericano de Seguridad Social.

Fue también Profesor Asociado en la Facultad de Derecho de la Universidad Autónoma de Madrid y Académico Correspondiente de la Real Academia de Jurisprudencia y Legislación.

Durante muchos años fue también Director y Colaborador destacado del Foro de Seguridad Social, publicación periódica dedicada al estudio de los Aspectos Organizativos y Financieros de la Seguridad Social del Futuro.

En el presente libro ofrece un panorama completo y ordenado de las instituciones españolas de Seguridad Social internacional que en su momento (1995) fue un primer estudio monográfico original sobre el Derecho Internacional Español de Seguridad Social